Mitarbeiterführung: Fair + Erfolgreich

Peter A. Doetsch

Mitarbeiterführung: Fair + Erfolgreich

Mehr Motivation und Lebensqualität für sich und andere

 Springer Gabler

Peter A. Doetsch
Wiesbaden
Deutschland

ISBN 978-3-658-04957-7   ISBN 978-3-658-04958-4 (eBook)
DOI 10.1007/978-3-658-04958-4

Die Deutsche Nationalbibliothek verzeichnet diese Publikation in der Deutschen Natio-
nalbibliografie; detaillierte bibliografische Daten sind im Internet über http://dnb.d-nb.de
abrufbar.

Springer Gabler
© Springer Fachmedien Wiesbaden 2014

Gedruckt auf säurefreiem und chlorfrei gebleichtem Papier

Springer Gabler ist eine Marke von Springer DE Springer DE ist Teil der Fachverlagsgruppe
Springer Science+Business Media
www.springer-gabler.de

Wer andere zu motivieren versucht, will sie genau genommen nach seinen Vorstellungen bilden, erziehen, einsetzen. Das hat mit Ermutigung und Inspiration zu eigener Potenzialentfaltung nichts zu tun.

Gerald Hüther (2012), Gehirnforscher
Vollkommenheit entsteht nicht dann, wenn man nichts mehr hinzufügen kann, sondern wenn man nichts mehr wegnehmen kann.
Antoine de Saint-Exupéry (1939), Schriftsteller

Vorwort

Management-Bücher und Führungskräfte-Leitfäden gibt es in Massen! Warum noch ein weiteres Buch hinzufügen? Die Antwort ist ganz einfach: Ich möchte Unternehmensleitern, Führungskräften und den sie unterstützenden Personalprofis aufzeigen, wie MITARBEITERFÜHRUNG: FAIR + ERFOLGREICH sein kann und wie sie für sich und andere MEHR *MOTIVATION UND LEBENSQUALITÄT* AM ARBEITSPLATZ erreichen.

In einer Zeit, in der es immer mehr Over-Engineering bezogen auf Führungsverhalten und Personalprozesse gibt, möchte ich mit diesem Buch einen Kontrapunkt setzen. Ich möchte Sie einladen, sich auf einen schonenden und effizienten Umgang mit den eigenen Ressourcen und denen der Mitarbeiter rückzubesinnen. Ich möchte Sie einladen, im Umgang mit Mitarbeitern unaufgeregt, undogmatisch, frei von Modetrends zu reagieren und dem Over-Engineering durch selbsternannte Management-Gurus bzw. immer neue (betitelte) Managementstile den Rücken zu kehren.

Wenn Sie nachhaltig mehr Erfolg, Motivation und Lebensqualität in Ihrem Unternehmen erreichen wollen, für sich und für alle anderen im Unternehmen, dann werden Sie in diesem Buch dafür viele nützliche und praxiserprobte „Wegweisungen" finden. **Sie werden als Unternehmensleiter, Führungskraft oder Personalprofi Anleitungen für eine Rückbesinnung und Konzentration auf das Wesentliche erhalten.** Sie erhalten die Wegweisung zu einer dauerhaft hohen Leistung und Einsatzbereitschaft aller Mitarbeiter, anstatt Mitarbeiter – gegebenenfalls mit System und Methode – kurzfristig auszuquetschen und dann nach Leistungseinbrüchen, Krankheit oder Burnout neue Mitarbeiter zu suchen, die ins gleiche Hamsterrad gesetzt werden, bis sie wieder ersetzt werden müssen ...

Mehr als 20 Jahre als Führungskraft und viele Jahre als Personalleiter, Personalvorstand und Geschäftsleiter haben mir gezeigt, dass sich **faires Führen** lohnt, ein Führungsverhalten, welches sich stetig darum bemüht, die Interessen aller Beteiligten (Unternehmen, Führungskräfte und Mitarbeiter) in eine faire Balance zu bringen.

Es bedarf keiner Supermänner und Superfrauen, um Organisationen zu schaffen, die ein lebenswertes, nachhaltig erfolgreiches Unternehmensumfeld bieten, sondern ganz normaler Menschen. Es braucht gegebenenfalls nur eines Anstoßes – z. B. durch dieses Buch – und die Bereitschaft, gemeinsam Verantwortung nicht nur für kurzfristige Arbeitsergebnisse zu übernehmen, sondern auch für einen wertschätzenden Umgang mit allen Personen, mit denen man im Unternehmens-Boot sitzt. Und es braucht insbesondere einen sorgsamen, reflektierten Umgang mit der eigenen und der fremden Zeit und Energie beim Miteinander im Unternehmen plus einige wenige zeitlose Verhaltensregeln.

Mein Dank geht an Gerd W. Richter und Alexander Lapp-Thoma für wertvolle inhaltliche Anstöße, an meinen Schwager, Thomas Koch-Doetsch, für die gründliche Lektorentätigkeit und vor allem an Tina, meine Frau, für seelische Stärkung und ihr Verständnis für den immensen Zeitaufwand, den die Erstellung eines solchen Fachbuches erfordert.

Ich lade Sie ein, MITARBEITERFÜHRUNG: FAIR + ERFOLGREICH auch in Ihrer Organisation, in Ihrem Unternehmen zu praktizieren. Der Lohn dafür wird sich nicht nur im Unternehmensergebnis zeigen, sondern in den Gesichtern aller Akteure, die Ihnen täglich begegnen. Er wird sich nicht zuletzt auch im privaten Umfeld von Unternehmensleitern, Führungskräften und Mitarbeitern positiv bemerkbar machen. Lohnt dafür nicht jede Anstrengung?

Wiesbaden, im April 2014   Peter A. Doetsch

Inhaltsverzeichnis

Warum ein wertschätzender Umgang und vereinfachte Personalmanagement-Prozesse mehr Leistung und Work Balance bewirken

Der Erfolg und die Work Balance - oder einfacher ausgedrückt die Lebensqualität aller Akteure in Unternehmen - hängt, um es zu Beginn auf einen ganz einfachen Nenner zu bringen, von nur zwei „Grundelementen" ab:

(1) der Art des Umgangs, der untereinander gepflegt wird, und
(2) dem Ausmaß, in dem der Nutzen von Personalmanagement-Prozessen ihren „Energieverbrauch" übersteigt.

Fairer und wertschätzender Umgang als Leistungs- und Bindungsfaktor Zu der Erkenntnis, dass ein fairer und wertschätzender Umgang miteinander für die Leistungsbereitschaft und Leistung aller Mitarbeiter (MA)[1] in Unternehmen und anderen Organisationen von überragender Bedeutung ist, führen die Ergebnisse der Gehirn- und der Sozialforschung unabhängig voneinander.

Von der Gehirnforschung wurde herausgearbeitet, dass Menschen zwei Grundbedürfnisse haben: Das Erfahren von Verbundenheit und Zugehörigkeit sowie das Erfahren des eigenen Wachstums bzw. des Erwerbs eigener Kompetenzen. Mit dem Unternehmen und untereinander verbunden fühlen sich Menschen dann, so die Forschungsergebnisse des führenden deutschen Gehirnforschers, Professor Dr. Gerald Hüther[2], wenn ein respektvoller und wertschätzender Umgang miteinander an der Tagesordnung ist. Auch für die Befriedigung des zweiten Grundbedürfnisses, Selbstwirksamkeit zu erfahren und die eigenen Kompetenzen und Fähigkeiten

---

[1] Mitarbeiter = alle Mitarbeiter, d. h. Unternehmensleiter, Führungskräfte, Fachkräfte, Voll- und Teilzeitmitarbeiter, Auszubildende etc.

[2] Der führende deutsche Gehirnforscher Prof. Dr. Gerald Hüther weist in seinen Büchern (z. B. [[1], S. 45 ff.]) auf die beiden Grundbedürfnisse des Menschen hin, Erfahrung von Verbundenheit sowie Erfahrung des eigenen Wachstums und des Erwerbs eigener Kompetenzen.

P. A. Doetsch, *Mitarbeiterführung: Fair + Erfolgreich*,
DOI 10.1007/978-3-658-04958-4_1, © Springer Fachmedien Wiesbaden 2014

weiter zu entwickeln, ist in Unternehmen eine wertschätzende, einladende und ermutigende Haltung von zentraler Bedeutung, letztlich eine Einladung seitens der Führungskräfte zur Mitgestaltung. [[3], S. 5 f.]

Einschlägige Mitarbeiterbefragungen bestätigen diese Ergebnisse der Gehirnforschung. Sie bringen rund um die Welt statistische Belege dafür, dass „die Art und Weise, wie Menschen miteinander umgehen, ... zum entscheidenden Erfolgsfaktor" geworden ist. [[4], S. 186].

Mercer kommt so bei seiner vielbeachteten internationalen Studie „Inside Employees' Mind" [2] aus 2011 zum Ergebnis, dass rund um den Globus (in Asien wie in Europa) an erster Stelle „mit Respekt behandelt [zu] werden" das Engagement und die Leistung von Arbeitnehmern treibt. Erstaunlicherweise rangiert dieser Treiber damit deutlich vor „Art der Arbeit", „Gehalt" oder „Karriereaussichten". In Europa und insbesondere Deutschland rangieren auf Platz 2 und 3 der Engagement-Treiber „Qualität der Kollegen" und „Balance von Arbeit und Berufsleben". An vierter Stelle folgt dann „Art der Arbeit".

63 % der Arbeitnehmer machen entsprechend einer Befragung von Gallup für den Gallup Engagement Index 2011 Dienst nach Vorschrift und spulen lediglich das Pflichtprogramm ab. Einzig 14 % der Angestellten verfügen über eine hohe emotionale Bindung an ihren Arbeitgeber und sind bereit, sich freiwillig für dessen Ziele einzusetzen. Als Grund ermittelte Gallup insbesondere: „Mitarbeiter vermissen Wertschätzung". In der Pressemitteilung vom 20. März 2012[3] heißt es dazu wörtlich: „Der Aussage, ‚ich habe in den letzten sieben Tagen für gute Arbeit Anerkennung und Lob bekommen', stimmten nur 4 % der Mitarbeiter ohne emotionale Bindung uneingeschränkt zu."

In einer Umfrage von 1.000 repräsentativ ausgewählten Arbeitnehmern im Sommer 2011 kam das Meinungsforschungsinstitut Toluna in Frankfurt im Auftrag der Unternehmensberatung Rochus Mummert zum Ergebnis, dass deutsche Chefs zu wenig Wertschätzung für die Mitarbeiter zeigen. Der Umfrage zufolge beklagen 40 % der Berufstätigen, dass ihr Vorgesetzter nicht weiß, was sie für das Unternehmen leisten. Auch Personalgespräche werden der Umfrage zufolge nur selten geführt. Mehr als die Hälfte (55 %) der Arbeitnehmer hat mit dem Vorgesetzten noch nie oder nur selten besprochen, welche Mittel zur Weiterentwicklung es im Unternehmen für sie gibt. Mehr als ein Drittel (35 %) hat mit dem Vorgesetzten in den letzten zwei Jahren sogar nie über berufliche Perspektiven gesprochen.[4]

Abschließend sei auf eine Initiative der Fraunhofer-Gesellschaft mit dem Namen „Pride – Wertschöpfungstransparenz und Wertschätzung als Innovationsressour-

---

[3] Webseite des Gallup-Instituts.
[4] Meldung vom 9.8.2011 auf news.de.

cen für den Dienstleistungsbereich" hingewiesen. In einer Fraunhofer-Broschüre [[5], S. 12], die sich mit Wertschätzung im Bereich Gebäudereinigung beschäftigt, heißt es:

> Abgesehen von dem negativen Einfluss, den solch mangelnde Wertschätzung auf das Selbstwertgefühl und die Lebens- und Arbeitsqualität hat, birgt sie auch immer die Gefahr, das Verständnis der eigenen Arbeit und die berufliche Identifikation ins Wanken zu bringen.

Die **überragenden Treiber für Leistung und Engagement** sind damit die „Wertschätzung" bzw. der „Respekt", die die Mitarbeiter für ihre Arbeit erfahren, vor allem vom direkten Vorgesetzten, daneben aber auch von internen oder externen Kunden!

▶ **Erfolgsformel** (Wahrgenommene) Wertschätzung und Respekt durch direkte Vorgesetzte erzeugt Leistungsbereitschaft sowie Verbundenheit mit dem Arbeitgeber.

Fokussierte Personalmanagementprozesse bewirken Wertschöpfung Die vorstehende These mag überraschen. Wertschöpfung durch Personalmanagement-Prozesse, nicht Produktions- bzw. Dienstleistungsprozesse? Wie soll das gehen, werden Sie sich vielleicht fragen.

Zunächst einmal dieses: „Wertschöpfung" findet, vereinfacht gesagt, statt, wenn der Output den Input übersteigt. Die Wertschöpfung erhöht sich damit auch, wenn der Input abnimmt.

Wenn Personalmanagement-Prozesse (z. B. Zielvereinbarungs- und Zielerreichungsgespräche oder Meetings) für sich sehr viel Zeit und Energie benötigen, dann – so werden Sie mir zustimmen – nimmt die Wertschöpfung ab. Wenn sie dagegen wenig Zeit und Energie benötigen, nimmt sie zu. Wenn kurze, gut vorbereitete und durchgeführte Meetings bessere Ergebnisse erreichen, eine geeignete E-Mail-Kultur die Energieverschwendung in diesem Bereich hindert, Regelkommunikation zwischen Führungskräften und Mitarbeitern fokussiert abläuft, ... dann wird damit gegebenenfalls ungeheure Wertschöpfung erreicht!

In einer immer komplexeren Welt, mit immer stärker sich verdichtender, bis in die Freizeit sich ausdehnender Arbeit, nimmt die Neigung von Organisationen, insbesondere von Compliance-affinen Organisationen, zu einer Bindung der Mitarbeiterenergie durch interne Prozesse ungebremst zu. Die internen Prozesse, die Selbstbeschäftigung und damit auch die Frustration über den vielen Sand im Getriebe, nehmen auch zu, ebenfalls ungebremst. Mit immer mehr interner Selbstbeschäftigung verglimmt sukzessive der wichtigste Brennstoff für die innere

Motivation der Mitarbeiter, nämlich zusammen mit den Kollegen im Unternehmen Nutzen für dessen Kunden zu stiften.

Insbesondere in großen Unternehmen und anderen Organisationen ist ein Over-Engineering bei den Personal-Prozessen und Systemen feststellbar, welches den Organisationen immense Energien raubt. Dieses Over-Engineering kam sukzessive mit einer immer weiter steigenden Zahl von Beratern in die Unternehmen und führte bis heute zu einer für den einzelnen Mitarbeiter wie Manager nicht mehr tragfähigen Komplexität. Ist es nicht an der Zeit, daran etwas zu ändern? Ich bin davon überzeugt, dass dies so ist.

- Es ist nun an der Zeit, dass die Freiheit von Führungskräften und Mitarbeitern und die Anforderungen an sie in Bezug auf einzuhaltende Personalprozesse sowie den Umgang miteinander in eine gute Balance kommen.
- Es ist nun an der Zeit, dass der Mensch und sein Interesse an einem lebenswerten, eine hohe Leistung ermöglichenden Unternehmensumfeld im Zentrum des Handelns [Mittelpunkt] stehen, nicht „selbstgefällige Prozesse".
- Es ist damit an der Zeit, dass die Personalmanagement-Prozesse auf das Notwendige begrenzt werden.
- Es ist damit an der Zeit, dass den Betroffenen bei allen Personalmanagement-Prozessen deren Notwendigkeit und Sinn transparent gemacht werden.

Wird dieses nicht beherzigt, dann werden die Mitarbeiter die Personalprozesse und Vorgaben zum Miteinander als Schikane der Organisation bzw. ihres Managements empfinden. Dann erzeugen diese schon deshalb Frust, – Frust der lähmt, die Leistung(sbereitschaft) verhindert und damit letztlich die im Unternehmenszweck vorgesehene Wertschöpfung bremst.

▶   **Erfolgsformel** Weniger und dafür transparentere Personalmanagement-Prozesse reduzieren den Sand im Getriebe und verbessern die Chance für Führungskräfte und Mitarbeiter auf „Work Balance"

Literatur

1. Hüther G (2012) Was wir sind und was wir sein könnten – Ein neurobiologischer Mutmacher. S. Fischer, Frankfurt a. M.
2. Mercer LLC (2011) Inside employees' mind – navigating the new rules of engagement. Mercer, New York

3. Purps S (2013) Neue Werte sind gefragt – Wohin bewegt sich die Arbeitswelt? Süddeutsche Zeitung vom 16.3.2013, Sonderbeilage für Young Professionals
4. Sprenger R (2001) Aufstand des Individuums. Campus, Frankfurt a. M.
5. Verbundprojekt Pride (2012) Mit Professionalität glänzen – Qualifizierung als Voraussetzung für Wertschöpfung, Wertschätzung und Selbstbewusstsein. Frauenhofer-Institut für Arbeitswirtschaft und Organisation (IAO), Stuttgart

Motivierende Unternehmens- und Führungskultur erreichen

2

2.1 Motivation – Brennstoff für Leistung

Wenn von motivierender Unternehmens- und Führungskultur gesprochen wird, dann soll Ihnen als Leser damit nicht – wie so oft im Management-Bereich – eine Worthülse statt Inhalt aufgetischt werden. Ohne in die Welt der Biochemie und damit der Transmitterstoffe zu gehen, möchte ich gerne zunächst darüber sprechen, was ich unter „motivierend" bzw. „Motivation" verstehe. Auch Ihnen wird es eine Hilfe sein, diese Begriffe künftig selbst zielgerichteter und bewusster einzusetzen oder, wenn sie von anderen verwendet werden, sie zu hinterfragen.

MOTIVATION ist – um es einmal auf eine einfache Formel zu bringen – der Name für den „inneren Brennstoff", der bei Menschen Handlungsbereitschaft, Leistung und das Streben nach Zielen erzeugt. Ausgelöst werden kann er von innen (intrinsische Motivation) oder außen (extrinsische Motivation). Bei intrinsischer Motivation erfolgt eine Handlung bzw. Leistung, weil sie für sich betrachtet dem Mitarbeiter Spaß bereitet, Befriedung bringt, eine tolle Herausforderung darstellt. Bei extrinsischer Motivation werden Leistungen erbracht, weil der Mitarbeiter sich hieraus einen Vorteil verspricht oder damit befürchteten Nachteilen entgehen möchte. Häufig ist es so, dass es sowohl intrinsische als auch extrinsische Beweggründe gibt bzw. sich die Beweggründe überlagern. Wichtig ist auch, dass Motivation, extrinsische und erst recht intrinsische, dem betreffenden Mitarbeiter und seiner Umwelt nicht bewusst sein muss.

▶ Intrinsische Motivation: Ich tue es, weil es mir Spaß macht, mich befriedigt.

▶ Extrinsische Motivation: Ich tue es, weil ich das muss, um .... zu erreichen.

Wenn nun im Folgenden von einer motivierenden, begeisternden Unternehmens-
und Führungskultur gesprochen wird, dann sind damit Rahmenbedingungen in
der jeweiligen Organisation gemeint, die entweder einen Anker für intrinsische
Motivation bedeuten (hier erwartet der Mitarbeiter z. B. ein hohes Maß an Selbst-
verwirklichung) oder für extrinsische Motivation (z. B. möchte der Mitarbeiter zur
Erreichung der Ziele des Unternehmens beitragen, den Wert seiner Arbeitskraft
steigern, seine materiellen Ziele verwirklichen etc.).

2.2 Unternehmensleitbilder und Unternehmenskultur, die begeistern

Ja, es gibt sie, die Unternehmen, von denen die eigenen Mitarbeiter mit leuch-
tenden Augen sprechen. Unternehmen, die besonders viele begeisterte Mitarbeiter
haben, Unternehmen die im Markt nachhaltig erfolgreich sind. Meine These ist,
dass solche Unternehmen in jedem Fall eine begeisternde Unternehmenskultur
herausgebildet haben. In vielen Fällen werden sie aber auch ein Unternehmensleitbild (insbesondere eine Vision und/oder ein sog. Mission Statement) kommuniziert
haben, welches emotional berührt und Anziehungskraft ausübt.

Umgekehrt gibt es viele Unternehmen mit tollem Leitbild auf der Homepage,
die erkennbar diesen Sog nicht erzeugen. Hier ist meine These, dass dieses Leitbild
entweder als zu beliebig, zu unspezifisch, zu wenig sinnstiftend für die jeweilige
Organisation empfunden wird, oder dass zu wenig Deckungsgleichheit mit der
wahrgenommen Unternehmenskultur besteht.

Lassen Sie uns etwas genauer auf dieses Thema schauen und zunächst mit den
Begrifflichkeiten beginnen, die teilweise verwirrend und häufig im Gebrauch nicht
einheitlich sind.

UNTERNEHMENSLEITBILD[1] – schriftlich formulierter Zielzustand der Organisation, der insbesondere eine Aussage zum tieferen Sinn des Unternehmens bzw.
seinem Beitrag für die Kunden und/oder das Gemeinwohl beinhaltet.

> Zum Unternehmensleitbild gehören in der Regel eine formulierte VISION (= Was
> wollen wir gemeinsam erreichen?), MISSION (= Welchen Nutzen wollen wir un-
> seren Kunden bieten?) und gegebenenfalls ausformulierte Werte und GUIDING

---

[1] Unternehmensleitbilder finden sich z. T. auch unter Überschriften wie „Unternehmens-
grundsätze", „Unternehmensphilosophie", „Wer wir sind" etc.

PRINCIPLES (= welche Werte und Prinzipien sollen unseren Umgang und unser Verhalten bestimmen?)[2], insbesondere auch Führungsprinzipien.

UNTERNEHMENSKULTUR (Corporate Culture) – so wird der Zustand einer Organisation, d. h. die Summe aller Werte und Normen bezeichnet, die den Umgang der Mitarbeiter untereinander, der Führungskräfte mit den Mitarbeitern, des Unternehmens mit Kunden, prägen und beeinflussen.

▶ Unternehmensleitbild = Soll-Zustand

▶ Unternehmenskultur = Ist-Zustand

(Begrenzte) Zugkraft von Unternehmensleitbildern Auch wenn nahe alle großen Organisationen ein Unternehmensleitbild veröffentlicht haben, darf die Frage gestellt werden, in welchem Umfang ein solches Leitbild wirklich Mitarbeiter und Kunden anzieht. Damit ist die Frage aufgeworfen, ob ein Unternehmensleitbild ein MUSS für ein Unternehmen ist, insbesondere für ein mittelständisches Unternehmen.

Die gestellte Frage kann nicht generell mit JA oder NEIN beantwortet werden. Ich habe allerdings den Mut, zu sagen, dass Unternehmensleitbilder nach meinen Erfahrungen nur in eher seltenen Fällen sinnstiftend und motivierend sind. Damit gilt: im Zweifel kann auf die Kommunikation eines Unternehmensleitbildes verzichtet werden!

Ich möchte mich aber nicht vor der eigentlichen Frage drücken, was – aus meiner Perspektive – denn zugkräftige Unternehmensleitbilder gemeinsam haben. Dies ist folgendes:

Unternehmensleitbilder, die begeistern

• stellen einen positiven und wichtigen Beitrag der Organisation für die Gesellschaft oder ihre spezifische Kundengruppe heraus,

• nennen ein sehr visionäres bzw. sehr ehrgeiziges, emotional positiv besetztes Ziel, zu dem sie beitragen wollen,

• beschreiben ein Arbeitsumfeld, welches Mitarbeitern Spaß, soziale Geborgenheit und/oder besondere Entwicklungschancen verspricht und

• schaffen eine Brücke zwischen dem Kundennutzen, der vermittelt werden soll, und dem gewünschten Umgang untereinander.

---

[2] Angelehnt an Wikipedia, Stichwort „Unternehmensleitbild", Unterstichwort „Funktionen von Leitbildern."

Leitbilder, die weder die Kunden noch viele der Mitarbeiter begeistern, sind solche,

- die auf einen reinen Selbstzweck (Nummer eins im Markt, Umsatzführer, größtes Unternehmen in . . .) ausgerichtet sind, statt einen Nutzen für die Kunden, die Mitarbeiter oder die Gesellschaft zu nennen,
- die aufgrund des Inhalts oder der Zahl von unterschiedlichen Zielen letztlich „unspezifisch" und nicht charakteristisch für die spezielle Organisation wirken.

Halten Sie einmal die veröffentlichte Vision bzw. das Unternehmensleitbild Ihres Unternehmens an diese Messlatte. Kann es sie überspringen oder muss es darunter durchtauchen?

Und noch ein Tipp zum Schluss: Für Organisationen ist es leichter, nur einen oder jedenfalls sehr wenige Kulturaspekte konsequent zu propagieren und zu leben, als eine Vielzahl. Zum einen ist es schwer, viele Ziele im Auge zu behalten. Zum anderen können mit einer Vielzahl von Orientierungspunkten schnell Zielkonflikte entstehen, die dann eine Einladung zur Beliebigkeit des Verhaltens werden.

Ganz generell gilt auch hier: Weniger ist mehr!

Es führt zu einer stärkeren Differenzierung zu anderen Organisationen und fördert das Ziehen an einem Strang mehr, wenn eine Organisation nur einen (oder jedenfalls sehr wenige) Kulturaspekt(e) für sich in den Vordergrund stellt und zum Leitbild erklärt, diesen dann aber in allen Aspekten nachhaltig verfolgt.

Ein Pfeil kann schließlich auch nicht gleichzeitig mehrere, getrennte Ziele treffen!

Sehr motivierend, trotz vieler einzelner Punkte, können Leitbilder dann sein, wenn sie erkennbar einer gemeinsamen Geisteshaltung entspringen und als homogen empfunden werden. Ein beeindruckendes Beispiel dafür sind für mich die Amazon Leadership Principles[3] in ihrer konsequenten Ausrichtung auf externe und interne Kundenorientierung.

AMAZON Leadership Principles

100% Kundenorientiert
Leader denken zuerst an den Kunden. Und richten alles am Kunden aus. Ihr oberstes Ziel ist es, das Vertrauen unserer Kunden zu gewinnen und zu bewah-

---

[3] Nachzulesen auf der Amazon.de-Homepage unter http://www.amazon.de/Values-Unsere-Philosophy/b?ie=UTF8&node=202987011.

ren. Leader beobachten auch den Wettbewerb. Aber es ist der Kunde, der immer im Mittelpunkt steht.

Unternehmergeist
Leader betrachten sich als Unternehmer im Unternehmen. Sie planen auf lange Sicht und opfern langfristige Erfolge nicht zugunsten kurzfristiger Ergebnisse. Sie handeln im Interesse des gesamten Unternehmens und nicht nur des eigenen Teams. Sie sagen niemals: „Das ist nicht meine Aufgabe."

Erfinden und Vereinfachen
Leader fordern von ihren Teams Innovation und Einfallsreichtum. Ziel ist es, immer wieder neue Wege zu finden, um Dinge zu vereinfachen. Leader kennen ihr Umfeld, suchen und nutzen neue Ideen – egal, ob die Innovationen innerhalb oder außerhalb ihres Teams entwickelt wurden. Wenn wir etwas Neues in Angriff nehmen, akzeptieren wir auch, dass wir Hürden überwinden müssen.

Die richtige Entscheidung treffen – fast immer
Unsere Leader treffen meistens die richtigen Entscheidungen. Sie besitzen ein ausgezeichnetes Urteilsvermögen und einen guten Instinkt.

Die besten Mitarbeiter einstellen und entwickeln
Leader erhöhen die Leistungskraft von Amazon mit jedem neu eingestellten Mitarbeiter und jeder Weiterentwicklung. Sie erkennen außergewöhnliche Talente und ebnen ihnen den Weg im Unternehmen. Unsere Leader entwickeln selbst neue Leader und nehmen ihre Rolle als Coach ernst.

Immer höchste Maßstäbe anlegen
Leader stellen an sich und andere außergewöhnlich hohe Ansprüche – sie mögen manchmal sogar unverhältnismäßig hoch erscheinen. Leader legen die Messlatte kontinuierlich höher und motivieren ihre Teams dazu, die besten Produkte, Services und Prozesse zu liefern. Leader achten darauf, dass Fehler sich nicht verselbstständigen. Stattdessen wird die Ursache von Fehlern schnell und endgültig behoben.

In großen Dimensionen denken
Wer in kleinen Maßstäben denkt, kann keine hochgesteckten Ziele erreichen. Leader entwickeln und kommunizieren eine mutige Vision und inspirieren zu großen Ergebnissen. Sie denken quer und um die Ecke und suchen überall nach neuen Wegen, um dem Kunden bestmöglich zu dienen.

Im Zweifel: Handeln
Im Geschäftsleben kommt es darauf an, schnell zu handeln. Viele Entscheidungen und Handlungen sind im Zweifelsfall auch korrigierbar. Wir schätzen kalkulierte Risikofreude.

Sparsamkeit
Wir versuchen, kein Geld für Dinge auszugeben, die für unsere Kunden keine Bedeutung haben. Sparsamkeit fördert Einfallsreichtum, finanzielle Unabhängigkeit und Innovationskraft. Bei uns gibt es keine Pluspunkte für die Anzahl der Mitarbeiter, für Budgetgröße oder Fixkosten.

Laut (offen) Selbstkritik üben
Leader wissen, dass sie und ihr Team nicht unfehlbar sind. Sie sprechen Probleme offen an und teilen Informationen, auch wenn dies nicht immer angenehm sein mag. Sie messen sich und ihre Teams an den Besten.

Vertrauen entwickeln und verdienen
Leader sind aufrichtig und aufgeschlossen. Sie sind sehr gute Zuhörer und bereit, auch ihre stärksten Überzeugungen noch einmal selbstkritisch zu hinterfragen.

Dingen auf den Grund gehen
Leader arbeiten auf allen Ebenen und verlieren nicht den Blick fürs Detail. Sie überprüfen Entscheidungen und Prozesse regelmäßig. Sie übernehmen jede Aufgabe – ob klein oder groß.

Uneinigkeit kommunizieren und dennoch Entscheidungen unterstützen
Leader müssen Entscheidungen, mit denen sie nicht einverstanden sind, auf respektvolle Art infrage stellen, auch wenn dies unangenehm oder anstrengend ist. Leader haben Überzeugungen und vertreten diese hartnäckig. Sie machen keine Kompromisse um des lieben Friedens willen.
Sie akzeptieren keine Kompromisse. Wenn aber eine Entscheidung gefallen ist, stellen sie sich voll und ganz dahinter.

Ergebnisse liefern
Leader konzentrieren sich auf die wichtigsten Anforderungen innerhalb ihres Geschäftsbereichs und setzen alles daran, sie in der geforderten Qualität und Zeit zu erfüllen. Auch wenn sie Rückschläge hinnehmen müssen, stellen sie sich der Herausforderung und geben nicht auf.

Die (gelebte) Unternehmenskultur macht's

Der Wettbewerb der Zukunft wird nicht mehr wie bisher über Produktqualität und Preise ausgefochten, sondern über den Kampf der Unternehmenskulturen, indem sie Schlüsselkräfte und Spezialisten, Kunden und Lieferanten, ja auch die Öffentlichkeit mit Hilfe einer überlegenen Unternehmenskultur an sich binden.
Professor Reinhold Würth (2006), Unternehmer und heute Vorsitzender des Stiftungsaufsichtsrats der Würth-Gruppe

Entscheidend dafür, dass ein Unternehmen viele motivierte Mitarbeiter hat, ist nicht der Anspruch, sondern die Realität des gesamten Umgangs miteinander und mit den Kunden. Die Unternehmenskultur ist damit ein „Gesamtkunstwerk".

Eine „starke Unternehmenskultur" ist geprägt durch sehr klare, stark ausgeprägte Verhaltensmuster und Werte (sprich: Verhalten und Werte, die wirklich Orientierung geben), eine hohe Tiefe der Verankerung (Anwendung quasi automatisiert, in nahezu allen Situationen), eine sehr große Verbreitung in der Organisation (sprich bei den weitaus meisten Mitarbeitern) und eine lange Dauer und Persistenz (sprich über Jahre, weitgehend unveränderlich) [16].

Nicht jede Unternehmenskultur wirkt für jeden motivierend. Der einzelne Mitarbeiter (oder Kunde) wird vielmehr eine Unternehmenskultur nur dann für sich als motivierend empfinden, wenn die aus ihr hervorgehenden Werthaltungen und Orientierungsmuster bei ihm (überwiegend) positive Emotionen auslösen. Wenn sie (weitgehend) den eigenen Werten und Orientierungsmustern entsprechen bzw. als fremde unterstützenswerte Werte und Handlungsanleitungen empfunden werden.

Eine gute, motivierende Unternehmenskultur bildet sich nicht durch ein Wunder! Eine solche Unternehmenskultur kann nicht erfolgreich aus dem Führungsturm verkündet bzw. angeordnet oder von Beratern beschafft werden! Leider! Sie ist vielmehr ein Feld, das dauerhaft bestellt werden muss, damit es später reife Früchte bringt. Es ist also notwendig, das alle oder doch zumindest sehr viele im Unternehmen das Feld Tag für Tag, Woche für Woche, Monat für Monat, Jahr für Jahr „beackern". Eine motivierende Unternehmenskultur entsteht durch diese Art von gemeinsamem und gleichförmigem TUN dann wie von selbst.

Es gibt nichts Gutes, außer man tut es.
Erich Kästner (1867–1957), deutscher Schriftsteller

Das Entstehen der gewünschten Unternehmenskultur setzt also voraus, dass diese Kultur gelebt wird und zwar vom Kopf bis zu den äußersten Gliedern des Unternehmens. Wenn der Vorstand und die Geschäftsführer keinen partnerschaftlichen Umgang untereinander und mit ihren direkten Mitarbeitern pflegen – wie könnte sich dieser dann im Unternehmen durchsetzen?

2.3   Wertschätzender und partnerschaftlicher Umgang ist nicht schwer

„Wertschöpfung durch Wertschätzung", so lautet die von Pater Anselm Grün[4] auf eine ganz einfache Formel gebrachte Erfolgsformel. Und in der Tat, wenn Menschen Wertschätzung erfahren und zurückgeben, entsteht eine vertrauensvolle, partnerschaftliche Zusammenarbeit. Diese ist in einer vernetzten, arbeitsteilig organisierten Welt und in arbeitsteilig organisierten, vernetzten Unternehmen ein entscheidender Schlüsselfaktor für den Erfolg einer Organisation. Stimmen Sie mir zu?

Dass Menschen sich nach Wertschätzung sehnen, haben sowohl die Gehirnforschung wie die Sozialforschung belegt (siehe dazu Kap. 1). Es bleibt aber die Frage, worin sich „Wertschätzung" zeigt, wie sich typischerweise eine „wertschätzende Haltung" äußert. Denn eine innere wertschätzende Haltung können Sie und ich bei anderen nicht greifen oder messen, sondern allein ein als wertschätzend wahrgenommenes Verhalten.

Wertschätzende Haltung Eine wertschätzende (innere) Haltung anderen gegenüber ist in meiner Welt nur möglich, wenn ich mich selbst schätze. Ohne Eigenliebe ist nur schwer vorstellbar, dass ich anderen Menschen eine positive innere Grundeinstellung entgegenbringe.

Eine wertschätzende Haltung anderen Menschen gegenüber setzt weiterhin eine Haltung voraus, die durch Anerkennung seiner Autonomie und seiner Selbstbestimmung und die Annahme einer grundsätzlichen Gleichwertigkeit aller Menschen geprägt ist.

Eine wertschätzende Haltung gibt jedem Menschen einen positiven Wert, unabhängig von seinem Verhalten und seinen Leistungen im Einzelfall.

Wertschätzendes und partnerschaftliches Verhalten Entscheidend für das Miteinander im Unternehmen ist aber nicht die Quelle, d. h. die innere Haltung des Einzelnen als solche, sondern das daraus resultierende gezeigte bzw. vom anderen wahrgenommene Verhalten.

Wie können Sie Wertschätzung zeigen und sich partnerschaftlich verhalten? Was sind greifbare Beispiele für einen partnerschaftlichen Umgang, eine partnerschaftliche Unternehmenskultur? Jeder Mensch hat hier sicher eigene Beispiele und Ideen.

---

[4] So der Titel eines Vortrags von Pater Anselm Grün, Mönch und Cellerar der Benediktinerabtei Münsterschwarzach, bei den Petersberger Trainertagen 2012.

▷ **Verhaltensweisen, die zu einer partnerschaftlichen Unternehmens-kultur beitragen**

Ich zeige Interesse am anderen
Ich nehme den anderen wahr. Ich interessiere mich für ihn, seine Interessen und insbesondere dafür, wie mein Handeln und meine Äußerungen auf ihn wirken. Ich nehme mir Zeit, wenn er mich anspricht oder mich um Rat bittet, bin, wenn ich mit ihm spreche, „präsent". Ich erkundige mich, wenn ich den Eindruck habe, es geht dem anderen nicht gut.

Ich kommuniziere offen, vertrauensvoll und auf Augenhöhe
Meine Kommunikation ist durch Achtung und Toleranz gegenüber dem anderen geprägt. Sie erfolgt offen und – insbesondere gegenüber Untergebenen – hierarchiefrei bzw. auf Augenhöhe, d. h. unabhängig von der Position im Unternehmen. Ich wahre unbedingte Vertraulichkeit, wenn sie gefordert ist oder von mir zugesagt wurde. Alle Menschen (Vorgesetzte, Kollegen und Mitarbeiter) bekommen von mir einen Vertrauensvorschuss.

Ich behandele andere fair
Ich zeige Toleranz, auch dafür, dass – wo immer Menschen arbeiten – Fehler gemacht werden. Ich suche in den Handlungen und Äußerungen des anderen nicht nach Fehlern, sondern nach dem Positiven und zu Verstärkenden.
Feedback und Kritik äußere ich direkt, Letzteres möglichst unter vier Augen. Ich äußere Kritik konkret und nicht pauschal, nur an der Sache bzw. an von mir konkret beobachtetem Verhalten und nicht an der Person, in einem geeigneten Moment und Umfeld und nicht vor anderen.
Ich trage dazu bei, dass mit-einander statt über-einander gesprochen wird. Ich trage Gerüchte über Personen oder Umstände nicht weiter und ermuntere andere, dies ebenfalls zu unterlassen. Ich beziehe entschieden Position, wenn ich unfaires Verhalten bzw. Mobbing wahrnehme.

Ich trage zu einer guten Konfliktkultur bei
Ich bin aufmerksam für personelle Konflikte. Ich bin mir bewusst, dass Konflikte neben Risiken auch Chancen bieten, in jedem Fall aber nicht unter den Tisch gekehrt, sondern in einem möglichst frühen Stadium aufgegriffen werden sollten. In einer Konfliktsituation ist mein Bemühen sichtbar, eine Lösung zu finden, die den unterschiedlichen Interessen aller beteiligten Konfliktpartner möglichst gerecht wird.

Die vorstehenden Verhaltensweisen sehe ich faktisch als „Pflichtprogramm" eines wertschätzenden Verhaltens an. Zur „Kür" gehört für mich noch eine weitere:

▶ **Freundlichkeit** Ich begrüße den anderen, wenn ich ihn sehe. Ich stecke ihn – so oft ich kann – mit einem Lächeln an. Ich bin mir meiner Stimmungsschwankungen bewusst und lasse andere nicht darunter leiden.

> WIE wir etwas tun, entscheidet alles. (Dov Seidman (2007) [14], Vordenker in Sachen Unternehmensethik und Gründer der US-amerikanischen Compliance Beratungsfirma LRN)

Jeder ist wichtig, jeder trägt Mitverantwortung für den Unternehmenserfolg Privatwirtschaftliche Unternehmen und öffentliche Verwaltungen sind Organisationen, in denen in aller Regel eine Vielzahl von Menschen zusammenarbeitet, um gemeinsam den Zweck des Unternehmens bzw. der Organisation zu erreichen. Sie zeichnen sich damit durch eine Arbeitsteilung aus, d. h. eine Aufteilung der verschiedenen anfallenden Tätigkeiten in Verfolgung des Organisationszweckes.

Im Rahmen der Aufbauorganisation der Organisation nimmt die personelle Verantwortung von unten nach oben zu. Die ganz oben angesiedelten Lenker der Organisation haben die größte Personalverantwortung und auch die größte Verantwortung für den Erfolg der Organisation, worin auch immer er besteht.

Und dennoch: Jeder, vom Lehrling bis zum Geschäftsführer/Vorstand, ist wichtig. Denn alle Mitarbeiter, nicht nur die Geschäftsleitung und die Führungskräfte, auch alle sogenannten „einfachen" Mitarbeiter und selbst die Pförtner oder die Lehrlinge tragen in einer arbeitsteiligen Welt – ob sie es wollen oder nicht – ein Stück Mitverantwortung für den Gesamterfolg des Unternehmens. Alle sitzen in dem einen Boot und sind gemeinsam verantwortlich dafür, dass es Kurs hält und nicht sinkt! Warum ist jeder wichtig, mögen Sie sich fragen! Nun, die Basis für meine These zur Wichtigkeit jedes einzelnen Mitarbeiters, und damit selbst des kleinsten Rädchens im Unternehmensgetriebe, ist die ungeheure Komplexität und Vernetztheit heutiger Unternehmensorganisationen. Diese macht es möglich, dass Versäumnisse und Fehler im kleinsten (für die Wertschöpfung selbst unbedeutendsten) Teil einer Unternehmensorganisation eine große, gegebenenfalls existenzielle Auswirkung auf den Erfolg der Gesamtorganisation haben können, eine Auswirkung, die weit über den Wertbeitrag der einzelnen Aufgabe hinausgeht.

Lassen Sie mich dafür ein paar einfache, einprägsame Beispiele bringen:

Beispiel 1: Der Pförtner, der aus Unachtsamkeit dem Betriebsspion den Zutritt nicht verwehrt.

Beispiel 2: Der Pressereferent, der aus Unachtsamkeit falsche Zahlen in Umlauf bringt.

Beispiel 3: Die Assistentin, die vergisst, den Termin des Geschäftsführers beim wichtigsten Kunden einzutragen.

Beispiel 4: Der Mitarbeiter in der Produktion des Lebensmittelkonzerns, der trotz ansteckender Krankheit zur Arbeit kommt und Keime in den Betrieb und die Nahrungsproduktion bringt.

In allen genannten Beispielen kann das Versagen einer Person, deren Beitrag zur Wertschöpfung selbst eher gering ist, eine Wirkkette in Gang bringen, an deren Ende ein großer Schaden oder gar der Untergang des ganzen Unternehmens stehen kann!

Die Mitverantwortung für den Gesamterfolg erfordert daher von jedem Gewissenhaftigkeit bei der Ausführung seiner jeweiligen Aufgabe und eine gegenseitige Unterstützung, wenn einzelne oder ganze Bereiche, aus welchen Gründen auch immer, es nicht schaffen, ihre Aufgabe zu erfüllen.

Eine Kette ist immer so stark wie ihr schwächstes Glied.
Deutsches Sprichwort

Die Kenntnis von der Bedeutung des Beitrags jedes Einzelnen für den Gesamterfolg lädt auch zu einem wertschätzenden Umgang mit allen Mitarbeitern ein. Dies gilt in besonderem Maße für den Umgang und die Kommunikation von „Häuptlingen" mit „Indianern", sprich von höheren Führungskräften mit sogenannten „einfachen" Mitarbeitern.

2.4 Förderliche Feedback-Kultur erreichen

2.4.1 Vorsicht Feedback!

Vorsicht! Wenn wir mit anderen Menschen zusammen sind, kommunizieren wir mit ihnen, immer! Man kann gar nicht *nicht* kommunizieren! [18, S. 53] Denn jedes Verhalten hat einen kommunikativen Charakter.[5]

Kommunikationswissenschaftler haben ermittelt, dass nur der allergeringste Teil der zwischenmenschlichen Kommunikation verbal erfolgt. Kommunikation

---

[5] Metakommunikatives Axiom: Da Verhalten kein Gegenteil hat, verhält man sich immer und kommuniziert man damit auch immer, zumindest unbewusst bzw. non-verbal.

findet vielmehr ganz überwiegend (zu mehr als 90 %)[6] non-verbal statt, z. B. über die Körperhaltung, den Gesichtsausdruck (Mimik), bewusste oder unbewusste Gestik, die Stimmfärbung etc.

Die Menschen, die dies wissen, sind damit eingeladen, ihr Bewusstsein für die non-verbale Kommunikation zu trainieren und für diese ebenso die Verantwortung zu übernehmen wie für die bewusste verbale Kommunikation.

▶   Kommunikation und insbesondere Feedback geben und nehmen findet permanent statt, ist Teil des Unternehmensalltags, Teil des Familienlebens, Teil jeder Stunde des Tages in der wir mit anderen Menschen zusammen sind.

Non-verbales Feedback und Konsistenz haben Gewicht Auch im Unternehmen geben wir den anderen – unseren Kollegen, Mitarbeitern und Vorgesetzten – unentwegt neben verbalem auch non-verbales Feedback, insbesondere über unsere Körpersprache, Mimik oder die Stimmfärbung. Der mit mehr als 90 %[7] hohe non-verbale Teil kann bewusst (z. B. bewusste Gestik), teilbewusst (z. B. Erröten) oder unbewusst (z. B. unwillkürliches Zucken) sein.

Dass Feedback ist damit zum größten Teil non-verbal, was kaum jemand so gut weiß wie der Autor. Sein „Augenverdrehen", wenn die eigene Tochter bei Tisch etwas macht, was ihm nicht gefällt, löste nicht selten mehr Konflikte aus, als dies ein gesprochenes Wort der Kritik hätte tun können.

Aus meiner langjährigen Erfahrung als Führungskraft, Personalvorstand und Human-Resources(HR)-Berater weiß ich auch, dass die non-verbale Kommunikation von Führungskräften bei deren Mitarbeitern eine hohe Beachtung erfährt, vermutlich fast immer zu Recht. Dahinter steht die naheliegende Vermutung, dass die non-verbale Kommunikation (jedenfalls soweit sie unbewusst ist) im Zweifel authentischer und verlässlicher ist als reflektiertes verbales Feedback. Im Extremfall hebt ein wahrgenommener Dissens zwischen einer wohl zurechtgelegten oder gar erkennbar einstudierten Botschaft und den non-verbalen Signalen des Senders die gewünschte Botschaft komplett auf.

Die erwähnte Authentizität, besser gesagt, die von anderen vermutete Authentizität bzw. Echtheit der Kommunikation (denn niemand kann wirklich in einen anderen Menschen hineinsehen) ist also von hoher Bedeutung. Sie wird, um keine Zweifel zu hinterlassen, nicht nur durch die Art und Weise (non-verbale vs. verbale) beeinflusst, sondern in hohem Maße auch durch ihre Konsistenz, sprich

---

[6] So der amerikanische Psychologe und Kommunikationsforscher Albert Mehrabian: „Total impact = 0.07 (verbal) + 0.38(vocal) + 55 % (facial)", zitiert nach [6, S. 134].

[7] Albert Mehrabian, [6, S. 134].

eine nachhaltig gleiche Kommunikation in vergleichbaren Situationen. Damit ergibt sich für die Empfänger von Feedback eine „Berechenbarkeit" des Senders, was Ängste vermeidet oder, andersherum gesagt, Vertrauen entstehen lässt.

2.4.2 Grundregeln für das Entstehen einer förderlichen Feedback-Kultur

Feedback, ganz gleich, ob mit positivem (Lob) oder negativem Inhalt (Kritik) für den Empfänger, gibt Orientierung. Da die Fähigkeit, sich selbst zu beobachten, begrenzt ist, ist Feedback hilfreich, um die Wirkung des eigenen Verhaltens für andere aus deren Perspektive beurteilen zu können.[8]

Im Unternehmenskontext ist damit die Frage nach der Feedback-Kultur gestellt. Feedback-Kultur des Unternehmens meint, dass es im Unternehmen bereichs- und hierarchieübergreifend eine in wesentlichen Teilen gleichförmige Art und Weise des Feedback-Gebens und -Nehmens gibt. Dabei soll Feedback hier im umfassenden Sinne verstanden werden. Es genügt nämlich nicht, allein die förmlichen Feedback-Instrumente und deren „Benutzungspraxis" zu betrachten, wie dies zumeist Studien tun.[9] Feedback findet – wie erwähnt – nicht nur verbal, sondern auch non-verbal statt und nicht nur in vorstrukturierten Prozessen, sondern immerfort dort, wo Menschen zusammen sind.

Es macht stutzig, dass eine 2010 von der ifp Personalberatung Managementdiagnostik durchgeführte Studie zum Thema Feedback-Kultur in deutschen Unternehmen zu dem Ergebnis kommt, dass 85 % der befragten Manager angaben, dass die Feedback-Kultur sich von Team zu Team „sehr unterscheidet" [9]. 70 % der gleichen Führungskräfte konstatierten zudem signifikante bis starke Diskrepanzen zwischen festgeschriebener und gelebter Feedback-Kultur.

Macht es da nicht Sinn, sich mit der vorhandenen und gewünschten Feedback-Kultur im Unternehmen einmal bewusst auseinanderzusetzen und sich folgende *Leitfragen* zu stellen:

- Wie will ich Feedback von anderen erleben? Wann fühle ich mich dabei wohl, wann spornt es mich zu mehr Leistung an, wann demotiviert es mich?
- Wie will ich anderen Feedback geben? Wie kann ich ihnen Feedback geben, so dass sie fühlen und verstehen, dass ich sie wertschätze? Wie kann ich Feedback geben, dass es ihnen hilft, ihr Leistungspotenzial voll zu entfalten, die Arbeitsbedingungen für sich und andere Kollegen zu verbessern und, und, und?

---

[8] In dem von den amerikanischen Psychologen Josph Luft und Harry Ingram geprägten Modell des „Johari-Fensters" hilft Feedback, eigene blinde Flecken auszuleuchten.

[9] So z. B. die Untersuchung der Universität Mannheim zur „Feedback-Kultur in deutschen Unternehmen: Top 100 Studie 2003.

Zumindest in Nuancen wird jeder diese Fragen anders beantworten. Einen gemeinsamen Nenner wird es vermutlich aber geben.

Feedback sollte als respektvolle und wertschätzende Rückmeldung zum Verhalten anderer Personen im Unternehmen, mit denen man in Beziehung steht, über alle Hierarchiestufen hinweg, in alle Richtungen (horizontal und vertikal) möglich und erwünscht sein. Förderlich, und auch dort wird wohl niemand widersprechen, ist sicherlich eine Praxis des Feedback-Gebens und -Nehmens, bei der ein Lernklima entsteht, ein Bewusstsein, dass alle in einem Boot sind und nur zusammen Höchstleistungen erreichen können. Förderlich ist eine gelebte Feedback-Kultur, die auf einem Klima beruht, in dem sich der Einzelne traut, sich authentisch zu verhalten, und auf einem Klima des Vertrauens darauf, dass andere einem mit ihrem Feedback nichts Böses wollen.

Wertschätzende Kommunikation Werden einige Grundregeln bei der Kommunikation mit Kollegen, Vorgesetzten/Mitarbeitern und Kunden beachtet, so ist der Grundstein dafür gelegt, dass sich die Menschen im Unternehmen wohlfühlen und konstruktiv gemeinsam an einem Strang ziehen.

Jede Form der Kommunikation mit anderen sollte geprägt sein von der Wertschätzung, die dem anderen entgegengebracht wird. „Wertschätzung" meint, dass der andere als Mensch (auch Führungskräfte sind Menschen;-)) anerkannt wird. Es geht nicht um die Verordnung von Freundschaft, zumal diese nicht möglich wäre, sondern um die Anerkennung der individuellen Autonomie und Integrität.

Wie sieht „wertschätzende Kommunikation" aus? Mir fallen hier – ohne Anspruch auf Vollständigkeit – die folgenden Aspekte ein:

*   Eine wertschätzende Kommunikation begrüßt jeden Beitrag und jedes Feedback und liest aus ihnen die förderlichen Aspekte – und ist damit nicht abschätzig.
*   Eine wertschätzende Kommunikation sucht bei Unklarheiten über Motive und Absichten die positivste mögliche Interpretation. Meine Erfahrung hat mich gelehrt, dass ich damit viel häufiger ins Schwarze getroffen habe, als wenn ich die negativste mögliche Interpretation wählte. Probieren Sie es doch auch einmal aus!
*   Eine wertschätzende Kommunikation erfordert, dass Vorgesetzte Entscheidungen begründen und nicht einfach ihren Mitarbeitern vorsetzen. Es erfordert auch, dass sie vor einer Entscheidung – wenn dies möglich ist – von den Mitarbeitern Input einholen und sie damit an der Entscheidungsbildung beteiligen.
*   Eine wertschätzende Kommunikation ist eine ehrliche Kommunikation. Ehrlich heißt, dass der Sender Position bezieht, von ihm gegebene Informationen der Wahrheit entsprechen und im Zweifel auch vollständig sind.

Eine für die Gemeinschaft förderliche Kommunikation beherzigt im Übrigen auch die „allgemeinen Verkehrsregeln" der Kommunikation.

▶   **Die allgemeinen Verkehrsregeln der Kommunikation**
  • Aufmerksam und präsent sein
  • „Gegenverkehr" erlauben . . . und im Zweifel mehr zuhören als reden
  • Klarheit und Verletzungsfreiheit der Kommunikation, d. h. konkrete Aussagen statt Allgemeinplätze und Verallgemeinerungen, „Ich"-Botschaften statt „Du"-, „Man-", „Wir"-Botschaften
  • Über persönliche Meinungen kann und sollte man nicht streiten
  • Sich kurz fassen in Gruppendiskussionen und jeden zu Wort kommen lassen
  • Zum vereinbarten Thema sprechen und zu nichts sonst etc.

Wenn Kritik geäußert wird, wird diese an konkret benanntem *Verhalten* von Personen geäußert, und *nicht* pauschal *an der Person* selbst.

Es gibt keine Fehler, sondern nur Feedback!
Sogenannte NLP-Vorannahme, die dem amerikanischer Psychiater, Psychologen und Psychotherapeuten Milton Erickson (1901–1980) zugeschrieben wird

Der Begriff „Fehler" entspricht einem Bewertungsmuster, welches zwischen „gut" und „schlecht" unterscheidet und damit wenig produktiv ist. (Fast) nichts ist in jedem denkbaren Kontext gut oder schlecht. Damit bekommt der Sender einer Kommunikation in der Reaktion anderer lediglich das Feedback, dass er mit seiner Kommunikation diese Reaktion auslösen kann. Ist die Reaktion unerwünscht, dann ändert er seine Kommunikation. Beabsichtigt er diese Reaktion, dann verwendet er sie erneut (Tab. 2.1).

Ein Beispiel für die erwähnte Hin-Zu-Kommunikation wäre die Frage einer Führungskraft, die einen Missstand festgestellt hat, was passieren müsste, damit . . . . wieder gut funktioniert/erfolgreich ist etc. (Tab. 2.2).

2.5   Führung: Nicht der Stil, sondern die Haltung macht den Unterschied

Insbesondere die schon erwähnten Ergebnisse von Mitarbeiterbefragungen machen deutlich, dass die Führungskräfte und ihr Verhalten ein entscheidender Faktor für das Engagement und die Zufriedenheit der Mitarbeiter sind – und damit für den Unternehmenserfolg.

Tab. 2.1 Einfache Grundregeln für Feedback-Geber

WÜNSCHENSWERTES VERHALTEN	ZU VERMEIDENDES VERHALTEN
Förderliches Setup wählen, insbesondere Vier-Augen-Gespräch, keine Gefahr von Unterbrechungen oder Störungen	Unvermittelte Kritik auf dem Gang oder vor Dritten
Beziehung herstellen, wertschätzende Haltung vermitteln (insbesondere bevor Kritik geäußert wird), dialogisch sein	Kalt und neutral mit Mitarbeiter sprechen; keine Gelegenheit zu Äußerungen geben
Wahrnehmung von konkret beobachtetem Verhalten beschreiben, ausschließlich!	Unterstellungen, Bewertungen, Eigenschafts-Attribuierungen, an Unfehlbarkeit der eigenen Wahrnehmung glauben
Zeitnah, insbesondere bei Kritikgesprächen	Erstmaliges Ansprechen lang zurückliegender Vorgänge, Ansammeln von Kritik
Wirkung/Relevanz des Verhaltens für den Feedback-Geber und die von ihm verfolgten Interessen aufzeigen; gegebenenfalls Gefühle wiedergeben	Ansprechen von nicht relevantem Verhalten; Diskussion allein auf der Ebene der eingenommenen Position, ohne Betrachtung der Interessen dahinter
Gewünschtes Verhalten und seine ganz konkreten positiven Auswirkungen in der Zukunft für den Feedback-Geber bzw. die Zusammenarbeit von Feedback-Geber und -Nehmer beschreiben („Hin-Zu-Fragen/Botschaften" statt „Weg-Von-Kommunikation")	Nur darüber sprechen, was man nicht will

Bevor ich auf wichtige Elemente einer leistungsförderlichen Führungskultur zu sprechen komme, also konkrete Praxistipps für Führungskräfte gebe, möchte ich gerne kurz darauf eingehen, was denn eigentlich die Funktion und Aufgabe von Führungskräften ist.

2.5.1 Funktion und Aufgabe der Führungskräfte: Orientierung geben und Leistung fördern

Gefragt nach der Aufgabe von Führungskräften lautet eine Standardantwort: Human Resources Management, sprich das Human-Kapital des Unternehmens, die Mitarbeiter, zu managen. Abgesehen davon, dass diese Art „Definition" wenig Orientierung bietet, höre ich darin ein Stück Auftrag, die Mitarbeiter quasi zu hu-

Tab. 2.2 Einfache Grundregeln für Feedback-Nehmer

WÜNSCHENSWERTES VERHALTEN	ZU VERMEIDENDES VERHALTEN
Feedback, insbesondere Kritik, ruhig und offen anhören, auf sich wirken lassen	Keine Unterbrechungen, keine reflexartigen Verteidigungsreden
Keine Kritik in und zwischen den Zeilen suchen, die nicht explizit ausgedrückt ist; im Zweifel nachfragen und klären, welches Verhalten wurde konkret beobachtet, gibt es weitere, noch nicht ausgesprochene Punkte, welches Verhalten wird als wünschenswert angesehen	Keine Unterstellungen, insbesondere in negativer Hinsicht
Wertschätzende Haltung anerkennen und zurückgeben	Feindselig oder verletzt reagieren
Bei abweichender Eigenwahrnehmung das aus eigenen Sicht intendierte Verhalten beschreiben und über das zukünftig gewünschte Verhalten Einigkeit erzielen	Streit um sogenannte Fakten; in der Vergangenheit bleiben
Veränderungsbereitschaft bekunden und um weiteres Feedback bitten	Äußerungen wie „ich bin wie ich bin"

manoiden Robotern zu machen, also mit Zuckerbrot und Peitsche zur gewünschten Leistung zu treiben.

Nun, ich glaube das nicht! Die Aufgabe von Führung bzw. Führungskräften ist es nicht, Mitarbeiter zu willen- und gedankenlosen Werkzeugen, quasi menschlichen Maschinen, zu machen. Es geht vielmehr darum, dass sich die Mitarbeiter mit ihrer ganzen Energie und Kreativität in das Unternehmen einbringen, sich mit ihm und seinem Auftrag identifizieren und in diesem Verbundensein mit der direkten Führungskraft, den Kollegen und der ganzen Organisation ihr ganzes Leistungspotenzial entfalten.

„Nur" **vier wichtige Aufgaben** haben Führungskräfte damit:

- Orientierung geben
- Systeme und Strukturen schaffen
- Entscheiden
- Menschen fördern und entwickeln

Bei der Erfüllung dieser Aufgaben sind Führungskräfte gefordert, die Interessen aller Beteiligten, d. h. Unternehmen, Führungskräfte und Mitarbeiter, in eine faire Balance zu bringen.

Orientierung geben Führungskräfte können und sollen Orientierung geben, indem sie ihren Mitarbeitern helfen, die Ziele der Organisation und den Wertbeitrag des Teams sowie des einzelnen Mitarbeiters dazu zu verstehen. Je komplexer und arbeitsteiliger eine Organisation ist, umso wichtiger und schwieriger ist diese Aufgabe.

Zum Orientierung-Geben gehört insbesondere auch, dass Führungskräfte mit den Mitarbeitern über deren Leistungsziele und Weiterentwicklung sprechen und hierzu Vorgaben machen bzw. Vereinbarungen treffen (siehe dazu Abschn. 4.3).

Schließlich sollten Führungskräfte Vorbild sein. Sie sollten über das von ihnen vorgelegte Verhalten und den von ihnen selbst praktizierten Umgang mit anderen Menschen Orientierung geben, zum gewünschten Verhalten bzw. zur gewünschten Umgangskultur.

Systeme und Strukturen schaffen Führungskräfte tragen die Verantwortung dafür, dass es im Team Systeme und Strukturen gibt, und legen die Rahmenbedingen fest. Hierdurch werden die Arbeitsbereiche und Verantwortlichkeiten möglichst eindeutig definiert. Die Führungskräfte müssen allerdings diese Strukturen – soweit sie ihnen nicht vorgegeben sind – im „stillen Kämmerlein" selbst erfinden und festlegen. Solche Systeme und Strukturen, die für arbeitsteiliges, effizientes Zusammenarbeiten erforderlich sind, können und sollten vielmehr im Team besprochen und gegebenenfalls gemeinsam fortlaufend optimiert werden. Die Verantwortung dafür, dass es funktionierende Systeme gibt, hat jedoch die Führungskraft.

Verantwortung tragen/Entscheidungen treffen Immer dort, wo eine Mehrzahl von Menschen zusammenwirkt, wird es Situationen geben, in denen kein Konsens über die weitere Vorgehensweise besteht oder wo nicht die Zeit vorhanden ist, im Team zu diskutieren und auf dieser Basis eine konsensuale Lösung herbeizuführen. Hier ist es die Verantwortung der zuständigen Führungskraft, eine Entscheidung zu treffen. Vielfach ist es wichtig, schnell eine Entscheidung zu treffen, auch wenn es für sie keine Richtigkeitsgewähr gibt, statt in lähmende Erstarrung zu verfallen. Notfalls müssen Führungskräfte später schnell entscheiden, dass die frühere Entscheidung zu überprüfen oder zu ändern ist. Und noch eines: Entscheidung auszusitzen, ist für die Mitarbeiter eine der frustrierendsten Erfahrungen, die sie machen können.

Die vielfach genannte Aufgabe, Konflikte zu entscheiden, möchte ich hier mit einem Fragezeichen versehen. Grundsätzlich ist es besser, den Konfliktpartnern selbst die Chance zu geben, eine für alle Seiten gute Lösung zu finden. Nur wenn das nicht möglich ist, muss eine Entscheidung durch die Führungskraft getroffen werden, die jedoch im Zweifel den Streit nicht beendet, sondern eben nur entscheidet.

Wer nicht handelt, wird behandelt.
Rainer Barzel (1924–2006), früherer CDU-Vorsitzender

Mitarbeiter fördern und entwickeln Nichts macht mir wie auch vielen Führungskräfte, die ich in meinem Arbeitsleben kennenlernen durfte, mehr Spaß, als andere
Menschen bei der Weiterentwicklung ihrer persönlichen Fähigkeiten und Stärken
zu unterstützen. Förderung und Entwicklung findet statt, wenn Führungskräfte
ihren Mitarbeitern etwas zutrauen, gegebenenfalls mehr als diese sich selbst. Wenn
sie ihnen die Chance geben, neue, erweiterte Aufgaben zu übernehmen, wenn sie
ihnen Räume der Mitgestaltung eröffnen, und sie dabei begleiten und gegebenenfalls coachen. Häufig gehört zum Fördern der Mitarbeiter auch, dass sie gefordert
werden, indem ihnen – ohne deren begeisterte Zustimmung – Verantwortung übertragen wird. Zur Förderung und Entwicklung gehört schließlich, Mitarbeitern zu
helfen, selbstkritisch und reflektiert zu sein. Effektive Förderungen und Entwicklung sind fast immer mit Zeitaufwand für die Führungskraft verbunden und nur
selten mit der „Überlandversendung" zu Seminarveranstaltern (siehe zum Thema
Personalentwicklung Abschn. 3.1).

Mitarbeiter motivieren? Einen Punkt haben Sie in meiner Liste der Aufgaben von
Führungskräften nicht gefunden; nämlich die „Motivierung" der Mitarbeiter. Der
einfache Grund dafür ist, dass ich – ebenso wie der Führungsexperte Reinhard K.
Sprenger [15, S. 24 ff.] – davon überzeugt bin, dass Menschen aus sich selbst heraus,
also intrinsisch, leistungswillig und motiviert sind, also bereits über Motivation
verfügen. Für eine Motivierung im Sinne einer Fremdsteuerung ist demnach gar
kein Bedarf vorhanden.
Allerdings sorgen Führungskräfte nicht selten für Rahmenbedingungen, die
diese von Natur aus vorhandene Eigenmotivation der Mitarbeiter behindert oder
ganz tötet. An sie ist damit zu appellieren, dass sie es als ihre Aufgabe ansehen, selbst
ihre Mitarbeiter nicht zu demotivieren sowie externen Quellen von Demotivation
durch Wahrnehmung der vier oben dargelegten Aufgaben entgegenzutreten.

Mitarbeitern helfen, Eigenmotivation zu finden! Es mag nach der vorherigen
Aussage für Sie wie ein Widerspruch klingen. Aber ja, Sie können zwar Ihre Mitarbeiter nicht motivieren, Sie können ihnen aber sehr wohl helfen, Eigenmotivation
zu entwickeln. Wie ist das möglich? Es ist möglich, indem Sie wie oben schon
unter dem Abschnitt „Orientierung geben" angedeutet – den Ihnen anvertrauten
Mitarbeitern helfen, einen Sinn in ihrer Arbeit zu sehen, und ihren Beitrag dann
auch erkennbar wertschätzen. Auch indem Sie Ihren Mitarbeitern helfen, zu ver-

stehen, weshalb deren Beitrag wichtig ist für den Gesamterfolg des Unternehmens. Schließlich auch dadurch, dass Sie Ihren Mitarbeitern helfen, auf die positiven Aspekte der Arbeit (statt wie es viele Menschen bevorzugen, auf die gegebenenfalls auch negativen Aspekte) und des Arbeitsumfelds zu fokussieren.

2.5.2   Was ist der „richtige" Führungsstil?

Zumindest die älteren Leser (sprich: in den 60er-Jahren oder früher geborenen Leser) kennen noch Schulungen zum „richtigen" bzw. „effektivsten" Führungsstil, der gerade „en vogue" war. Da gab es persönlichkeitsorientierte, verhaltensorientierte und situationsorientierte Führungsstil-Konzepte, belegt mit irgendwelchen Erfolgsstories aus der Praxis. Es gab Verfechter aller Führungsstile, von „autoritär" bis „Laissez faire" [5, S. 14 ff.], von „autokratisch" bis „demokratisch" [11, S. 85 ff.], über „Galeere" und „Segelschiff" [12, S. 14 ff.], bis hin zu den vielen „Management by...."[11, S. 88 ff.]-Führungsstilen und schließlich der situativen Führungstheorie etwa von Hersey und Blanchard 3.

„Management by"-Stile, humoristisch [4]

MANAGEMENT BY HELIKOPTER
Über allem schweben, von Zeit zu Zeit auf den Boden kommen, viel Staub aufwirbeln, schnell wieder nach oben aufsteigen.

MANAGEMENT BY JEANS
Die größten Nieten an die wichtigsten Stellen setzen.

MANAGEMENT BY CHAMPIGNON
Die Mitarbeiter im Dunkeln lassen, mit Mist überschütten und sobald sich Köpfe hervortun, diese sofort absäbeln.

MANAGEMENT BY PINGPONG
Jeden Vorgang solange zurück- oder weitergeben, bis er sich von selbst erledigt.

MANAGEMENT BY ROBINSON
Alle warten auf Freitag.

Was nun ist der richtige Führungsstil für Führungskräfte? Welcher Führungsstil ist besonders erfolgreich?

Diese Frage kann ich nur so beantworten: So etwas wie den „richtigen Führungsstil" gibt es nicht!

Bisher wurde – trotz aller Forschungsbemühungen – kein Königsweg der Führung in Form eines spezifischen Führungsstils gefunden! Und wenn es ihn gäbe, so würde Ihnen das allerdings vermutlich wenig helfen, da ein angelernter Führungsstil nicht authentisch rüberkommen wird und damit im Zweifel nur wenig positive Wirkung zeigen wird.

Mich bestärkt in meiner Analyse das neue Buch von Barbara Kellerman „The END of LEADERSHIP" [10]. Darin wird von der an der Harvard-Universität lehrenden Professorin nachgewiesen, dass die „Leadership-Beratungsindustrie" in all den Jahren keine nachweislichen Verbesserungen beim Thema Führung erreicht hat und auf der Basis unbewiesener Annahmen operiert. Von den drei Elementen, die den Handlungsraum von Führungskräften ermöglichen, nämlich Macht, Autorität und Einfluss, würden zwei (Macht und Autorität) zunehmend an Bedeutung verlieren. Führung im Sinne von „andere Menschen zu mobilisieren", könne nur noch über eine entsprechende Beeinflussung der Mitarbeiter erreicht werden.

Es kann nach meiner Überzeugung keinen allgemeingültig richtigen Führungsstil geben, weil **drei Variablen** die Führungssituation bestimmen:

1. Die Führungskraft mit ihren Eigenarten und ihrer Stimmung in der konkreten Situation
2. Der Mitarbeiter mit seinen Eigenarten und seiner Stimmung in der konkreten Situation
3. Die Führungssituation, um die es geht.

Um nur die letzte Variable aufzugreifen: In einer „Brand-Situation", wenn Gefahr für das Unternehmen in Verzug ist, ist ein demokratischer, partizipativer Führungsstil im Zweifel nicht gefragt, sondern ein beherztes, autoritäres Handeln. Geht es darum, ein Angebot für einen großen Auftrag zu gestalten, so dürfte in den meisten Fällen ein partizipativer Führungsstil das Mittel der Wahl sein. Also ist „situative Führung" doch die überlegene Führungsmethode, werden Sie jetzt vielleicht resümieren. Die Frage ist: Ist situative Führung wirklich ein Führungsstil, ein Stil der eindeutig bestimmbar ist und damit Orientierung bietet? Die Frage zu stellen, heißt sie zu verneinen!

Die gute Nachricht ist: Wenn es also nicht „den richtigen Führungsstil" bzw. „das richtige Führungsmodell" gibt, dann können Sie sich eine Beschäftigung mit den verschiedenen Führungsstilen und Modellen ersparen ..., es sei denn, Sie haben Spaß und die notwendige Zeit für solche in einem hohen Maß akademischen Trockenübungen. Dann nur zu! Um ein erfolgreicher Unternehmensleiter bzw.

eine erfolgreiche Führungskraft zu sein, brauchen Sie auch nicht den „Reifegrad"[10] oder „Typus" der einzelnen Mitarbeiter zu klassifizieren und sie in irgendeinem Quadranten (siehe dazu Abschn. 7.5) einzuordnen, auch wenn dies manchmal durchaus hilfreich sein kann.

Eine weitere wichtige Erkenntnis ist die folgende: Ich habe in meinen mehr als 25 Jahren Berufsleben in sieben Organisationen erleben dürfen, dass sehr unterschiedliche Persönlichkeiten mit einem sehr unterschiedlichen Führungsstil erfolgreich sein konnten. Was hatten diese Führungskräfte alle gemeinsam, gleich ob sie „hart, aber fair", „umgänglich", „weich", „detailorientiert und entscheidungsscheu" oder „total autoritär" waren? Sie waren alle authentisch und damit für die Mitarbeiter in ihrem Handeln berechenbar. Und die meisten waren an den Menschen in ihrer Umgebung interessiert, hatten Zeit für sie, hörten sich deren Kummer und Sorgen an. Darüber hinaus waren ihr Führungsstil und ihre Vorgehensweise aber höchst unterschiedlich.

2.5.3 „Supportive Leadership" – mit der richtigen Führungshaltung zum Erfolg

Eigene Erfahrungen sowie die Erkenntnisse der Gehirnforschung weisen den Weg zu einer eher einfachen Antwort auf die Frage, welchen Rat man Führungskräften bezogen auf ihr Führungsverhalten geben kann. Es sind nur zwei allgemeine Ratschläge:

▶ **Allgemeine Ratschläge für Führungskräfte**
Erstens: Bemüht euch um „Faires Führen", d. h. darum, die Interessen aller Beteiligten im Führungsprozess (Unternehmen, Führungskräfte und Mitarbeiter) in eine faire Balance zu bringen.
Zweitens: Habt eine positive, wertschätzende Haltung euren Mitarbeitern gegenüber und seid bemüht, sie bei der Entfaltung ihrer Potenziale zu unterstützen und ihnen möglichst viel selbstbestimmtes Arbeiten zu ermöglichen.

Beide Punkte haben eine deutliche Überlappung und sollten eigentlich eine Selbstverständlichkeit sein. Mir erscheint es wichtig, nachfolgend das von Fairness und Wertschätzung geprägte Führungsverhalten näher zu betrachten, welches Motivation, Lebensqualität und wirtschaftlichen Erfolg für Unternehmen, Führungskraft

---

[10] Dies wird etwa im Rahmen des situativen Führens nach Hersey und Blanchard gefordert.

und Mitarbeiter ermöglicht. Sie werden von mir an dieser Stelle eingeladen, eine SUPPORTIVE LEADERSHIP genannte Haltung einzunehmen und durch Zugewandtheit und Begeisterung zu erreichen, dass die Mitarbeiter aus eigenem Antrieb hohe Leistung erzielen und mehr und mehr über sich hinauswachsen, statt durch ein Vorantreiben mit Belohnungen oder Drohungen.

Was beinhaltet supportive Leadership? Ich sehe in SUPPORTIVE LEADERSHIP, anknüpfend an den vom führenden deutschen Gehirnforscher Professor Dr. Gerald Hüther entwickelten Ansatz und meine eigenen Erfahrungen aus mehr als 20 Jahren als Führungskraft, eine Haltung,

- die die **Mitarbeiter** dazu **einlädt, ermutigt und im Idealfall inspiriert**[11], **sich einbringen** zu wollen in das Unternehmen mit ihrer ganzen Energie und ihren ganzen Fähigkeiten,
- die ihnen **Orientierung gibt**, d. h. die Bedeutung ihres Arbeitsbeitrags zum Gesamterfolg des Unternehmens erläutert sowie den Hintergrund und die Chancen von notwendigen Veränderungen,
- die sich **für Arbeitsbedingungen der Mitarbeiter verantwortlich** fühlt, d. h. für Arbeitsbedingungen, in denen die Mitarbeiter – so leicht wie möglich – erfolgreich arbeiten und ihre Ideen und Kreativität einbringen können.

SUPPORTIVE LEADERSHIP setzt bei Führungskräften die Haltung bzw. das – übrigens wissenschaftlich belegbare – Verständnis voraus, dass alle Menschen das Potenzial in sich tragen, über sich hinauszuwachsen und sich bis ins hohe Alter hinein (tatsächlich bis weit über die sogenannte Altersgrenze in der gesetzlichen Rentenversicherung hinaus!) weiterentwickeln zu können.[12]

SUPPORTIVE LEADERSHIP verlangt von Führungskräften damit, dass sie Zeit in die Beziehung mit ihren Mitarbeitern investieren, diese als Individuen wahrnehmen und behandeln.

SUPPORTIVE LEADERSHIP ist nur möglich, wenn Führungskräfte ihren Mitarbeitern etwas zutrauen, sie selbst Erfahrungen machen lassen und nicht immer wieder plötzlich in deren Verantwortungsbereich eingreifen.

SUPPORTIVE LEADERSHIP wird als Frucht Selbstvertrauen, Vertrauen in die Führungskraft und Vertrauen in die Organisation hervorbringen, nicht sofort auf Knopfdruck, sondern nach einer entsprechend langen Reifezeit (Tab. 2.3).

---

[11] So die m. E. treffende Formulierung des führenden deutschen Gehirnforschers, Prof. Dr. Gerald Hüther, z. B. [8, S. 152, 170].

[12] Siehe [8, S. 92]; [13, S. 95 mit weiteren Nachweisen].

Tab. 2.3 Der Supportive Leadership-Test

	IDEALPRÄGUNG	NEGATIVBEISPIELE
Allgemeine Haltung der Führungskraft	Glaubt, dass jeder Mensch das Potenzial hat, über sich hinauszuwachsen, sich weiterzuentwickeln	Glaubt, dass Menschen über 55 in ihrer Leistungsfähigkeit abbauen oder mit 30 noch nicht erfahren genug sind und sich erst ihre „Sporen" verdienen müssen. Bezweifelt Lernfähigkeit von Mitarbeitern („die lernen das nie")
Investitionsbereitschaft	Nimmt sich Zeit, eine Beziehung zu den Mitarbeitern (MA) aufzubauen; nimmt sich Zeit für die MA, wenn sie ihn brauchen	„Umsatz geht vor, wir können darüber ja beim Jahresgespräch sprechen." „Sorry, wir haben keine Zeit, über Ihre persönliche Situation zu sprechen. Wir haben so schon genug zu tun"
Einladung, Ermutigung und Inspiration der Mitarbeiter	Äußert Zutrauen, zeigt Chancen auf, erklärt den Kontext, versteht die Nichterreichung von Zielen nicht als Fehler, sondern als Feedback, es das nächste Mal anders zu machen. Der MA darf an der Aufgabe wachsen	Fordert bedingungslosen Gehorsam, misstraut der Leistungsfähigkeit systematisch, greift immer wieder in den Verantwortungsbereich der MA ein
Orientierung geben	Formuliert klare Erwartungen und Ziele gegenüber dem MA und vergewissert sich, dass dabei ein Konsens erzielt wurde. Stellt sich den Erwartungen seiner Mitarbeiter an ihn	Kritisiert Leistungen, ohne vorher im Detail die Erwartungen präzisiert zu haben; holt keine Rückmeldung ein, ob die gesetzten Ziele vom MA verstanden sind und für erreichbar gehalten werden
Verantwortung übernehmen	Kennt die Arbeitsbedingungen seiner MA; sieht die Schaffung möglichst idealer Arbeitsbedingungen als Hauptaufgabe an. Übernimmt die Ergebnisverantwortung für seinen Organisationsbereich	Ist nie am Arbeitsplatz und kennt die Arbeitsbedingungen der Mitarbeiter nicht aus eigener Anschauung; hält Arbeitsbedingungen für unabänderbar bzw. sieht die Verantwortung für diese bei anderen

Dieses nachhaltige Verbundensein, welches hohe Leistung ermöglicht, erreichen Führungskräfte jedenfalls dauerhaft nicht mit den Methoden von Eselstreibern oder Dompteuren, sprich mit Zuckerrübe (sprich Boni) und/oder Peitsche (Druck). Mit solchen Methoden lässt sich allenfalls sehr kurzfristig die maximale Leistung aus Mitarbeitern herausquetschen.[13] Loyalität und Verbundensein werden hierdurch zugleich zerstört.

Wenn Du den Esel treibst, musst Du seinen Furz ertragen.
Türkisches Sprichwort

So geführte Mitarbeiter werden mit demjenigen, der eine größere Zuckerrübe bietet, ohne zu zögern mitgehen und Missstände im Unternehmen maximal zum eigenen Profit ausbeuten.

2.5.4 Gute Führung entsteht durch „Learning by doing" und ist „souverän"

Ansonsten gilt: Führung ist „Learning by doing". Ja, Führungsseminare können mich als (angehenden) Unternehmer bzw. Führungskraft etwas sensibilisieren. Sie vermitteln letztlich aber nur quasi „offline" graue Theorie. Der Führungsalltag ist sehr viel komplexer, als es sich in Seminaren vorstellen oder nachstellen lässt. Führung – wie beim Fahrrad- oder Autofahren – lernt man nicht mit dem Theoriebuch in der Hand, sondern indem man aufmerksam für sich und die anderen, also reflektiert, Mitarbeiter führt.

Reflektion bedeutet für Führungskräfte, dass sie den sogenannten TOTE-Prozess (d. h. Test – Operate – Test – Exit) anwenden. Sprich: Wenn Sie als Führungskraft mit Ihrer Führung unerwünschte Ergebnisse (unmotivierte Mitarbeiter, Widerstand etc.) erhalten, dürfen Sie prüfen, was Sie an Ihrem Verhalten ändern können, um andere, bessere Ergebnisse bezogen auf die eigenen Mitarbeiter zu erhalten. Wenn Sie diese erhalten, dann haben Sie ein geeignetes Führungserhalten herausgefunden, wenn nicht, nehmen Sie den Ausgang (Exit) und versuchen Sie es mit einem veränderten Führungsverhalten.

Eine Erfahrung, die ich mehrfach gemacht habe, und die Sie vermutlich auch in Ihrer Umgebung beobachtet haben, ist, dass wenig erfolgreiche Führungskräfte, die sich von angeblich unfähigen oder widerspenstigen Mitarbeitern trennen, später wieder neue, in ihren Augen nur unwesentlich weniger unfähige oder widerspenstige Mitarbeiter erhalten. Meine Frage ist, was ist in diesen Fällen gleich geblieben? Richtig, die betreffende Führungskraft.

---

[13] So zutreffend [8, 103 ff.].

Ob du denkst, du kannst es oder nicht: Du wirst auf jeden Fall Recht behalten.
Henry Ford (1863–1947), früherer Präsident der Ford Motor Company

Gute Führung ist schließlich „souverän". Gemeint ist damit nicht, dass Führungskräfte perfekt sein bzw. sich so geben müssen, d. h. ohne jede Blöße und Schwäche
alles immer im Griff haben (SOUVERÄNITÄT ERSTER ORDNUNG). Es geht vielmehr
um eine Souveränität mit menschlichem Gesicht. Es geht um Führungskräfte, die
reflektieren, eigene Schwächen, Fehler, Verletztheiten oder Ratlosigkeit akzeptieren
und damit offen umgehen, mithin um eine von Friedemann Schulz von Thun [17,
S. 13 ff.] SOUVERÄNITÄT ZWEITER ORDNUNG genannte Souveränität zu erreichen.

2.6   Unternehmenskultur ... bis zur Trennung

In einer sich immer rasanter verändernden Welt ist es für Unternehmen überlebenswichtig, sich schnell an veränderte Anforderungen und Märkte anpassen zu
können. Dazu gehört gegebenenfalls eine kollektive Reduzierung der Belegschaft,
etwa wenn der Markt eingebrochen ist oder technischer Fortschritt deutlich weniger
Personal erfordert. Dazu gehört aufgrund eines zumeist hohen Wettbewerbs- und
Kostendrucks auch, die eine oder andere personelle Einzelmaßnahme zu treffen,
etwa die erkennbare Fehlbesetzung einer Position schnell zu revidieren und sich
von Mitarbeitern und Führungskräften zu trennen, die mit der betrauten Aufgabe
dauerhaft überfordert sind und für die keine anderweitige Verwendung vorhanden ist. Im weiteren Sinne gehört in diesen Zusammenhang auch das planmäßige
Ausscheiden von Mitarbeitern wegen Erreichens der Altersgrenze.

Die Trennung von Mitarbeitern ist ein – für die Betroffenen und nicht selten
auch für viele verbleibende Mitarbeiter – schmerzhafter Prozess, ein Prozess der
nicht selten hoch emotional ist. Aus Unternehmenssicht ist es ein Prozess, der
erhebliche wirtschaftliche Risiken beinhaltet. Ein professionelles Management der
Trennung, eine förderliche Trennungskultur, ist damit allein aus wirtschaftlichen
Gründen angezeigt.

Der „Papst" zum Thema Trennungskultur, der Berliner HR-Berater Laurenz
Andrzejewski, definiert in seinem Handbuch zur Trennungskultur den Begriff
TRENNUNGSKULTUR wie folgt: [2, S. 19].

▶ **Trennungskultur**   Die Summe aller Regeln und Maßnahmen, die Trennungen
und Veränderungen in Unternehmen fair und professionell machen. Trennungskultur ist manifest, wenn Trennungen und Veränderungen mit möglichst geringen
Verletzungen der Persönlichkeit aller Beteiligten einhergeht.

2.6.1 Die Kostenrisiken einer unprofessionell gemanagten Trennung

Mit Laurenz Andrzejewski [2, S. 83 ff.] lassen sich vier Kostenarten unterscheiden, die im Rahmen von Trennungsversuchen bzw. -prozessen von Bedeutung sind:

1. INDIREKTE KOSTEN: Zeit des Top-Managements, des Betriebsrats und des Personalbereichs für die Vorbereitung und Durchführung sowie nachfolgende „Beschwichtigungsgespräche" mit Verbleibenden, die Zeit für Gespräche über die Trennung in Abteilungsversammlungen und auf dem Flur
2. VERSTECKTE KOSTEN: Produktivitätsverlust ab dem Zeitpunkt, wo erste Gerüchte über die Trennung kursieren, z. B. durch sinkende Motivation, höheren Krankenstand, Kundenverlust, oder auch gegebenenfalls bei großflächigen Trennungsprozessen Innovationsstau durch verhinderte Innovationen, fehlende Umsetzung von vorhandenen Konzepten, fehlende Dynamik gegenüber den Kunden etc.
3. UNGEPLANTE KOSTEN: Kosten aus nicht intendierten Eigenkündigungen anderer Mitarbeiter, Kosten von Personalberatern für die Neubesetzung, Überstunden der Kollegen oder Kosten des Einsatzes von Aushilfen
4. DIREKTE KOSTEN: Abfindungszahlungen, Aufstockungen der Altersversorgung, Kosten von Outplacement-Beratung, Kosten der rechtlichen Beratung im Trennungsprozess

Laurenz Andrzejewski beziffert beispielhaft die indirekten Kosten mit 40.000 EUR pro Monat, die versteckten auf 4.000 EUR pro Tag, die ungeplanten Kosten auf 60.000 EUR pro Fall und die direkten Kosten auf 250.000 EUR pro Fall [1, S. 5 ff.]. Es kommen so in der Summe schnell sechs- oder siebenstellige Euro-Beträge zusammen, selbst wenn es um die Trennung von Einzelpersonen geht. Grund genug, sich mit der Frage zu beschäftigen: Wie kann ich verhindern, dass Trennungsprozesse unnötig Kosten verursachen und die Organisation lähmen? Die Antwort auf die Frage liegt in den Worten „Trennungskultur" und „Trennungsprozess". Entscheidend ist die Art und Weise, wie ich mich von Mitarbeitern trenne und wie diese Trennung von den verbleibenden Mitarbeitern empfunden wird. Und es ist wichtig, zu verstehen, dass Trennung ein Prozess ist, der professionell organisiert werden sollte.

2.6.2 Trennung mit Kultur – wichtige Tipps

Eine gute Trennungskultur ist in eine Unternehmenskultureingebettet, die durch einen fairen und wertschätzenden Umgang miteinander, eine dialogische Kommunikation und durch Fairness gekennzeichnet ist. Diese Kultur ist gerade im Trennungsprozess von Bedeutung.

Erfahrungen zeigen, dass nicht der Umstand der Trennung selbst (das „Ob") unnötige Verletzungen, Verunsicherungen und wirtschaftliche Schäden auslöst, sondern die Art und Weise, wie die Trennung erfolgt (das „Wie").

Aus meiner Erfahrung sind es nur wenige Tipps, die Unternehmen und Führungskräfte berücksichtigen sollten, wenn es um die Trennung von Mitarbeitern mit möglichst geringen Verletzungen der Betroffenen, der Verbleibenden und der mit der Ausführung der Trennung beauftragten Personen geht. Das gilt nicht nur, wenn es um Mitarbeiterabbau bzw. Massenentlassungen geht, das gilt auch für die Beendigung des Arbeitsverhältnisses mit einzelnen Führungskräften bzw. Mitarbeitern.

Tipps für den Trennungsprozess

(1) Trennung als entschiedenes Handeln aus einer Notwendigkeit heraus
Es klingt banal, ist es aber nicht. Sowohl betroffene Mitarbeiter als auch verbleibende können mit einer Trennungsentscheidung umso eher leben, wenn diese sich als notwendig im Sinne der langfristigen Sicherung des Unternehmens und seiner verbleibenden Arbeitsplätze darstellt. Die erkennbare Notwendigkeit der Trennung von einzelnen Mitarbeitern oder ganzen Mitarbeitergruppen ist damit genauso wichtig wie die Entschlossenheit und Schnelligkeit des Handelns. Umgekehrt ist es kritisch, wenn nicht so recht verstanden wird, warum überhaupt und warum gerade die betroffenen Personen gehen müssen. Es ist auch kritisch und treibt die Handelnden jedenfalls unnötig in die Defensive, wenn die für die Kündigung relevanten Umstände sehr lange, gegebenenfalls über Monate oder im Extremfall Jahre, zuvor vom Management akzeptiert wurden. Letzteres gilt in noch stärkerem Maße für individuelle Einzelmaßnahmen als für kollektive Trennungsprozesse.

(2) Definierter Trennungsprozess/Drehbuch für alle mit Ausführung betrauten Personen
Zum Schutz der mit der Ausführung der Trennung betrauten Personen, der verantwortlichen Führungskräfte und des Personalbereichs, und zum Schutz des Unternehmens vor unnötigen Rechtsstreiten sollte der Ablauf der Trennung minutiös definiert werden. Im Drehbuch sollte stehen, wer, wann, mit wem das Trennungsgespräch führt, welchen Inhalt es hat

und welche Schritte nach dem Gespräch in Bezug auf den/die von der Trennung betroffenen sowie die verbleibenden Mitarbeiter und gegebenenfalls Kunden zu erfolgen haben (siehe dazu im einzelnen Abschn. 2.7.2).

(3) **Dank und Anerkennung für Geleistetes**

Soweit es nicht um den Sonderfall der verhaltensbezogenen Kündigung geht, betrifft die Trennung Mitarbeiter, die in der Vergangenheit „ihr Bestes" für das Unternehmen gegeben haben. Es betrifft Menschen, deren Beitrag zum Ganzen ihren unmittelbaren Kollegen und auch vielen anderen Mitarbeitern noch in Erinnerung ist, wenn nicht sogar ganz persönliche Gründe für Dankbarkeit vorhanden sind. Es steht nicht im Widerspruch zu einer vom Unternehmen initiierten Trennung, wenn die Leistungen und Verdienste der ausscheidenden Mitarbeiter gebührend gewürdigt werden. Im Gegenteil, es macht deutlich, dass diese Leistung nicht vergessen ist und dass es zwingende unternehmerische Gründe sind, die trotz dieser Leistung die Trennung unabdingbar machen. Damit wird auch deutlich, dass exogene Umstände und nicht das Verhalten bzw. die Person der Grund für die Trennung ist.

(4) **Faire Konditionen der Kündigung (Vergütung, Timing, gegebenenfalls Unterstützung der Suche einer neuen Tätigkeit etc.)**

Wenn nun aber eine Trennung aus vom Mitarbeiter nicht zu verantwortenden Gründen unausweichlich ist, dann gehört es zu einer guten Trennungskultur, die Mitarbeiter bei den Konditionen der Kündigung fair zu behandeln. Anwälte empfehlen in dieser Situation häufig, zunächst nur den absoluten Mindestsatz zu bieten und sich dann hochhandeln zu lassen. Das ist das Gegenteil von einem fairen Trennungspaket, welches von vornherein ein faires, im Zweifel einer gerichtlichen Überprüfung standhaltendes Paket beinhaltet. Meine Empfehlung ist, ein solches faires Paket zu wählen. Etwas anderes würde ich als Unternehmen im Interesse einer guten Trennungskultur nur dann erwägen, wenn es um eine verhaltensbedingte Kündigung gegebenenfalls nach nur kurzzeitiger Tätigkeit geht. Hier kann es gerade im Interesse der übrigen, vom Verhalten betroffenen Mitarbeiter liegen, hart zu verhandeln und das Verhalten durch eine üppige Abfindung nicht noch quasi zu belohnen.

Zu den Konditionen der Trennung gehören neben Abfindungszahlungen und anderem gegebenenfalls Verbesserungen bei der Altersversorgung, der Zeitpunkt zu dem das Arbeitsverhältnis rechtlich endet und wann die Arbeitspflicht endet, die Übernahme der Kosten von Outplacement-Beratern etc.

(5) **Betroffenheit der Verbleibenden im Blick haben**
An einigen Stellen wurde schon deutlich: Eine Trennung betrifft nicht nur denjenigen, der das Unternehmen verlassen muss. Es betrifft auch – und dies gegebenenfalls für sehr viel längere Zeit – die verbleibenden Mitarbeiter. Sie müssen gegebenenfalls Arbeit auffangen, die der ausscheidende Mitarbeiter bisher gemacht hat, verlieren einen beliebten Kollegen, fragen sich, wann sie selbst „dran sind" etc. Zu einer guten Trennungskultur gehört, dass die verantwortlichen Führungskräfte ungefragt auf diese Fragen und vermuteten Nöte der verbleibenden Belegschaft eingehen. Es sollte deutlich werden, dass weder das Schicksal der ausscheidenden Mitarbeiter noch der Gemütszustand und die Arbeitsbelastung der verbleibenden Mitarbeiter den Verantwortlichen gleichgültig sind.

(6) **Unsicherheiten und Schmerzen kurz halten**
Ein letzter Rat ist, dass alles daran gesetzt werden sollte, Phasen der Unsicherheit (wer ist von einer Personalanpassungsmaßnahme betroffen, wie soll sie ablaufen, was sind die Konditionen? etc.) so kurz wie möglich zu halten. Und auch der Ablauf der Trennung, d. h. die Zeit zwischen der Mitteilung, dass bestimmte Personen das Unternehmen verlassen und dem tatsächlichen Ausscheiden, sollte möglichst kurz sein. Letzteres ist auch deshalb wichtig, da Mitarbeiter, denen gekündigt wurde, schnell zu Brandstiftern werden können, was die Stimmungslage im Unternehmen angeht. Sie wollen diese im Zweifel nur so lange wie unbedingt nötig in kritischen Produktions- und Dienstleistungsprozessen oder an der Kundenfront sehen. Sie wollen den betroffenen Mitarbeitern aber auch die Chance eröffnen, sich möglichst früh mit ganzer Kraft mit der Frage des „Danachs" zu beschäftigen.

2.6.3 Den Trennungsprozess professionell gestalten

Die Trennung von Mitarbeitern erfordert – wie schon erwähnt – einen klar definierten Prozess, also ein planhaftes Vorgehen, ein Drehbuch. An der Erstellung des Drehbuchs sollten verschiedene Akteure im Unternehmen beteiligt sein, bei Massenentlassung die Geschäftsleitung, die Personalleitung und die verantwortlichen Führungskräfte. Im Zweifel ist bei größeren Unternehmen die Rechtsabteilung bzw. bei mittelständischen und kleinen Unternehmen der Firmenanwalt zu beteiligen. Nicht zuletzt aufgrund seines Mitbestimmungsrechts ist auch ein vorhandener Betriebsrat in den Trennungsprozess einzubeziehen.

Ein klar definierter Trennungsprozess verhindert, dass durch unkoordiniertes Vorgehen bzw. unkoordinierte Kommunikation vermeidbare Schäden entstehen. Er gibt nicht zuletzt auch den verantwortlichen Führungskräften und Personalmanagern Orientierung und Sicherheit.

Phasen des Trennungsprozesses   Die wichtigsten Phasen eines Trennungsprozesses sind:

1. **Vorbereitung der Kündigung**
   Zur Vorbereitung der Kündigung gehören verschiedene Elemente:
   – Zusammentragen aller Informationen für die Entscheidung darüber, ob und gegebenenfalls wem, wann, zu welchen Konditionen gekündigt werden muss
   – Abschätzung der Chancen und Risiken
   – Schriftliche Festlegung aller wesentlichen Eckpunkte und insbesondere der Trennungsbegründung
   – Beteiligung des Betriebsrats: Anhörung bei Einzelmaßnahmen, gegebenenfalls Verhandlung eines Sozialplans und Interessenausgleichs bei allgemeinem Personalabbau bzw. Massenkündigungen
   – Vorbereitung der Kündigungspapiere
   – Gegebenenfalls Vorbereitung von Antworten für die verantwortliche Führungskraft auf zu erwartende Fragen
2. **Durchführung der Kündigung, insbesondere Trennungsgespräch**
   Die Durchführung der Kündigung erfolgt entsprechend dem schriftlich fixierten Drehbuch durch die festgelegten Personen im definierten Rahmen. Idealerweise erfolgt ein Trennungsgespräch durch den direkten Vorgesetzten (nicht die Personalabteilung), wenn der Mitarbeiter nicht (mehr) im Betrieb ist, gegebenenfalls auch per Einschreiben. In dem Gespräch wird insbesondere auch der weitere Ablauf beschrieben.
3. **Nachbereitung der Kündigung, insbesondere Kommunikation gegenüber den anderen Mitarbeitern und gegebenenfalls den Kunden, Abwicklungsvertrag, Nachbesetzung bei Einzelmaßnahmen**
   Kurz nach der Übermittlung der Kündigungserklärung erfolgt die Kommunikation über die Trennung gegenüber bisherigen direkten Kollegen und gegebenenfalls der gesamten Belegschaft sowie – soweit notwendig

– den vom Mitarbeiter betreuten Kunden. Diese sollte –soweit keine verhaltensbedingten Gründe ausschlaggebend waren – gegebenenfalls auch Dank und Anerkennung für den Einsatz und die Leistungen des Mitarbeiters in der Vergangenheit enthalten. In einem (weiteren) Gespräch mit dem betroffenen Mitarbeiter wird dann gegebenenfalls eine Einigung über die Konditionen und weitere Details der Trennung (Zeitpunkt des Ausscheidens, Zeugnis, Outplacement-Beratung etc.) angestrebt.

Trennungsgespräch

Ein zentrales Element des Trennungsprozesses und ein Kristallisationspunkt für die Trennungskultur ist das Trennungsgespräch mit dem/den betroffenen Mitarbeiter(n). Anknüpfend an Andrzejewski[14] sollten vier Eckpunkte für das Trennungsgespräch definiert werden:

1. VERANTWORTLICHER: Das Trennungsgespräch ist im Normalfall ein Vier-Augen-Gespräch, das vom direkten Vorgesetzten mit dem betroffenen Mitarbeiter geführt wird, gegebenenfalls auch ein Sechs-Augen-Gespräch, wenn sich die direkte Führungskraft nicht in der Lage sieht, es allein zu führen, oder eine Eskalation befürchtet wird. In diesem Fall kann auch ein höherer Vorgesetzter oder ein Vertreter der Personalabteilung – im Wesentlichen als Beobachter – an dem Gespräch teilnehmen. Vermieden werden sollte die manchmal leider anzutreffende „Überwältigung" des Gekündigten durch drei, vier oder noch mehr ihm gegenübersitzende Personen beim Trennungsgespräch.
2. ZEITPUNKT: Wenn die Vorbereitung beendet ist, kann das Gespräch stattfinden. Es sollte ohne oder nur mit kurzer Vorankündigung stattfinden und möglichst nicht sehr spät am Tag oder gar am Freitagnachmittag.
3. ORT: Trennungsgespräche sollten unbedingt in einem geschützten, vertraulichen Rahmen stattfinden. Sie gehören nicht in ein Großraumbüro und – wenn möglich – auch nicht in ein offen einsehbares Büro, zumal es bei ihnen Tränen geben kann. Berater empfehlen, dass bei dem Gespräch Wasser und Papiertaschentücher bereit stehen [7, S. 15]. Ich selbst habe bisher nicht erlebt, dass dies notwendig war. Schaden kann eine solche Vorbereitung aber sicher nicht.
4. DAUER: Die einhellige Empfehlung von Beratern, der ich mich anschließe, ist, nur ein kurzes (vielleicht fünf- bis 15-minütiges) Trennungsgespräch zu füh-

---

[14] [7, S. 15] unter Hinweis auf Andrzejewskis Buch „Trennungskultur" [2].

ren und am Ende mit einer Vereinbarung über die weitere Vorgehensweise auseinanderzugehen.

Für die Durchführung des Trennungsgesprächs selbst gibt es noch drei abschlie-ßende Tipps:

▶ **Tipp 1: Wenig Anlauf, sofort zum Punkt kommen**
Smalltalk zu Beginn verbietet sich hier. Nach einer sehr kurzen Einleitung sollte eine klare Trennungsbotschaft geäußert werden.

Tipp 2: Klar verständliche Trennungsbegründung
Dem Mitarbeiter sollten die Gründe genannt werden, die die Kündigung unumgänglich gemacht haben. Gegebenenfalls ist ihm zu begrün-den, wie bei einer kollektiven Maßnahme die Auswahl der betroffenen Mitarbeiter und damit auch seine Auswahl stattgefunden hat.

Tipp 3: Orientierung dazu geben, wie es weitergeht
Als Drittes sollten vertragliche Einzelheiten und Trennungskonditionen genannt werden. Je nach Verfassung des Mitarbeiters kann auch über die Sprachregelung, Details des weiteren Ablaufs gesprochen werden. Anderenfalls sollte am Ende die Verabredung zu einem weiteren Ge-spräch stehen, in dem über solche Details der Trennung gesprochen wird.

Wenn diese Ratschläge zum Prozess und seiner Durchführung beherzigt werden, dann werden Trennungsgespräche von beiden Seiten, von betroffenem Mitarbeiter und verantwortlicher Führungskraft, weniger belastend empfunden, als dies heute vielfach der Fall ist.

2.7 Hindernisse auf dem Weg zur motivierenden Unternehmens- und Führungskultur

Eine motivierende Unternehmenskultur verlangt – wie erwähnt – ein **nachhaltiges, konsistentes** Miteinander in Verfolgung gemeinsamer Ziel- und Wertvorstellun-gen. Es verlangt insbesondere einen wertschätzenden Umgang miteinander im Unternehmen, eine Leistung fördernde, unterstützende Führung sowie eine Chance zur persönlichen Weiterentwicklung (nähere Ausführungen zu diesen inhaltlichen Punkten im Abschn. 2.3) – über Monate und Jahre!

Was kann das Entstehen einer motivierenden Unternehmenskultur behindern? Vor allem Widersprüchlichkeit bzw. fehlende Konsistenz des Verhaltens innerhalb der Organisation können das! Konsistentes Verhalten erfordert, dass das gemeinsame Verhalten langfristig zeitlich durchgehalten wird, dass es in der gesamten Organisation gefordert und gelebt wird, dass es auf allen Hierarchiestufen zur Anwendung kommt.

Lassen Sie mich an dieser Stelle tatsächlich erlebte Beispiele für einen Widerspruch zwischen Unternehmensleitbild (gewünschte Kultur) und tatsächlicher Unternehmenskultur bzw. für fehlende Konsistenz in den sichtbaren Werthaltungen und Orientierungsmustern geben:

Inkonsistente Unternehmensstrukturen

(1) Zwei-Klassen-„Kultur"

Ein erstes Beispiel für fehlende Konsistenz in den kulturbildenden Werthaltungen und Orientierungsmustern liegt z. B. vor, wenn – wie z. B. bei einem meiner früheren Arbeitgeber – die Muttergesellschaft in den USA der lokalen Gesellschaft Verantwortungsübernahme und unternehmerisches Handeln der Mitarbeiter propagiert, dann aber die lokalen Manager und Mitarbeiter mit einem Mikro-Management durch dieselben amerikanischen Manager überzogen werden. Mikro-Management bedeutete, dass den Führungskräften und Mitarbeitern nicht lediglich Umsatz- oder Gewinn-Ziele vorgeschrieben wurden, sondern die einzelnen Schritte (sprich Maßnahmen), die – gleichförmig mit den Kollegen in anderen Ländern – zu gehen waren, um die finanziellen Ziele zu erfüllen. Wenn Personalkosten reduziert werden mussten, durften wir nicht entscheiden, wo dies am leichtesten oder effektivsten möglich gewesen wäre. Wir mussten auf Gehaltserhöhungen verzichten und konnten nicht durch Reduzierung der Mitarbeiterzahl plus Gehaltserhöhungen für den Rest den gleichen finanziellen Effekt erzielen.

(2) Punktuelle „Kultur"

Ein anderes Beispiel für fehlende Konsistenz ist, wenn „soziale Kompetenzen" gefordert und ein „partnerschaftlicher Umgang" von der Unternehmensführung gepredigt wird, aber autoritäre, nicht partizipative Führung der Mitarbeiter an der Tagesordnung ist, oder wenn – wie in zwei anderen Organisationen erlebt – dann immer vorrangig Mitarbeiter, die sich durch hohen Ellbogeneinsatz „auszeichneten", vor anderen Mitarbeitern befördert werden.

(3) „Mach-mich-nicht-nass-Kultur"

Fehlende Konsistenz ist auch dann gegeben, wenn Widerstandsnester (z. B. einzelne Teams oder einzelne Führungskräfte) sanktionslos andere Wege gehen können im Miteinander. Zugegeben, zu einer solchen Verirrung habe auch ich als Führungskraft in einer Organisation beigetragen, indem ich eine, bezogen auf die finanziellen Ziele des verantworteten Bereichs, nachhaltig erfolgreiche Führungskraft immer nur wegen Verstößen gegen Fairness bezogen auf Kollegen oder Mitarbeiter verwarnte, aber nie die eigentlich gebotene Trennung herbeiführte. Dies hat das Vertrauen in den Wert „fairer Umgang" in dieser Organisation sicherlich nicht befördert.

Eine positive, gemeinsame Unternehmenskultur wird – wie das letzte Beispiel zeigt – insbesondere dadurch erschwert oder gar verhindert, dass ein der gewünschten Unternehmenskultur widersprechendes Verhalten nicht unverzüglich und konsequent angesprochen und gegebenenfalls unterbunden wird. Das Dulden von einem solchen unerwünschten Verhalten enthält nämlich die implizite Botschaft, dass auch ein vom Unternehmensleitbild abweichendes Verhalten letztlich akzeptabel ist. Es ist damit quasi die Einladung an alle, sich nach den eigenen Wertmaßstäben zu richten und eben nicht gemeinsam bestimmte Werte und Verhaltensweisen zu verfolgen.

Vertrauen braucht lange, um aufgebaut, aber nur Sekunden, um gebrochen zu werden...
Lebensweisheit

Literatur

1. Andrzejewski A (2003) Personalabbau und Kündigung wirtschaftlich, professionell und fair gestalten. Hernsteiner 3:4–9
2. Andrzejewski A (2004) Trennungskultur – Handbuch für ein professionelles wirtschaftliches und faires Kündigungsmanagement. Luchterhand, Neuwied

3. Blake R, Mouton J (1964) The managerial grid: the key to leadership excellence. Gulf Publishing, Houston

4. Ellermann B (1985) Auf Freitag warten. Süddeutsche Zeitung vom 27. Juli

5. Gremmers U (2012) Neu als Führungskraft. Humboldt, Hannover

6. Hegstrom T (1979) Message impact: what percentage is nonverbal. West J Speech Comm 43(2):134–142

7. Hübner E (2003) Das Trennungsgespräch: Unglücklich macht meist nicht das „Was", sondern das „Wie". Hernsteiner 3:15–18

8. Hüther G (2012) Was wir sind und was wir sein könnten – Ein neurobiologischer Mutmacher. S. Fischer, Frankfurt a. M.

9. ifp Personalberatung Managementdiagnostik (2010) Studie zum Thema Feedback-Kultur in deutschen Unternehmen. ifp, Köln. http://www.ifp-managementdiagnostik. de/aktuelles/manager-sprechen-zu-wenig-ueber-leistung/. Zugegriffen: 14. Feb. 2014

10. Kellerman B (2012) The end of leadership. Harper Business, New York

11. Laufer H (2013) Grundlagen erfolgreicher Mitarbeiterführung. Gabal, Offenbach

12. Lorenz M, Rohrschneider U (2013) Praxishandbuch Mitarbeiterführung. Haufe, Freiburg

13. Schirrmacher F (2004) Das Methusalem-Komplott. Karl Blessing, München

14. Seidman D (2013) How – Warum WIE wir etwas tun, über alles andere entscheidet! Wiley, Weinheim

15. Sprenger R (2010) Mythos Motivation. Wege aus einer Sackgasse. Campus, Frankfurt a. M.

16. Steinmann H, Schreyögg G (2000) Management – Grundlagen der Unternehmensführung. Gabler, Wiesbaden

17. Von Thun F, Ruppel J, Stratmann R (2012) Miteinander Reden: Kommunikationspsychologie für Führungskräfte. Rowolth Taschenbuch, Hamburg

18. Watzlawick P, Beavin J, Jackson D (2011) Menschliche Kommunikation. Hans Huber, Bern

Faire Rahmenbedingungen schaffen

3.1 Karriere und Entwicklung: für Führungs- und für Fachkräfte

3.1.1 Mitarbeiter streben nach Potenzialentfaltung

Wenige Dinge in Unternehmen sind so wichtig, wie den Mitarbeitern die Möglichkeit zu geben, ihre Kompetenzen und Fertigkeiten stetig weiterzuentwickeln. Wichtig sind Entwicklungschancen für beide Seiten – das Unternehmen wie die Mitarbeiter. Für die Unternehmen ist eine stetige Weiterentwicklung der erbrachten Produkte und Dienstleistungen von zentraler Bedeutung für ein Bestehen auf einem sich rasant verändernden Markt. Denn Stillstand bedeutet Rückschritt.

> *Lernen ist wie Rudern gegen den Strom. Hört man damit auf, treibt man zurück*[1].
> Laozi bzw. Laotse (6. Jhd. v. Christus),
> chinesischer Philosoph

Auch die Mitarbeiter eines Unternehmens, vom jungen Auszubildenden bis zur älteren Führungskraft, streben nach Potenzialentfaltung und Wachstum. Immer anspruchsvollere Arbeiten erledigen können, immer selbstständiger die gleiche Arbeit zu erledigen, mit immer weniger Fehlern die Arbeit zu bewältigen, in immer kürzerer Zeit die gleiche Arbeit erledigt zu bekommen ... dem Menschen wohnt von Natur her ein Streben nach Wachstum inne, ein Streben danach, zu zeigen, was in ihm steckt. Und so üben Unternehmen, die Wachstumsmöglichkeiten anbieten – über das Angebot der Berufsausbildung, über explizite interne und externe Fortbildungsangebote bis hin zur allgemeinen Förderung von Karrieren und fachlicher Weiterentwicklung–, definitiv mehr Anziehungskraft aus als solche, die dies nicht tun.

---

[1] Ein ähnliches Zitat „Lernen ist wie Rudern gegen den Strom. Sobald man aufhört, treibt man zurück", wird dem britischen Komponisten Benjamin Britten (1913–1976) zugeschrieben.

P. A. Doetsch, *Mitarbeiterführung: Fair + Erfolgreich*,
DOI 10.1007/978-3-658-04958-4_3, © Springer Fachmedien Wiesbaden 2014

3.1.2   Führungs- und Fachkräften gleiche Wertigkeit und Karrierechancen geben

Es war einmal eine Zeit, da verstand jeder unter dem Begriff „Karriere" letztlich das Erklimmen immer höherer Stufen in einer Führungshierarchie. Die Begriffe „Karriere" und „Führungskarriere" wurden mithin als Synonyme verwendet. Auch heute noch klingt bei vielen Menschen, insbesondere älteren, viel von diesem Verständnis nach.

Damit sollte Schluss sein! Es ist höchste Zeit, dass Führungs- und Fachkarrieren nebeneinander stehen und in den Augen von Führungskräften wie Mitarbeitern als gleichwertig angesehen werden.

Zwei Gründe möchte ich für die Notwendigkeit einer Förderung und Gleichwertigkeit beider Karriere-Arten liefern:

1. Der Wert von Positionen in Ihrem Unternehmen für den Unternehmenserfolg hängt nicht hauptsächlich an der Frage, ob es sich um eine Führungs- oder Fachposition handelt. So kann manche Fachposition bzw. das fachliche Knowhow einzelner Personen von viel größerer Bedeutung für den Erfolg oder das Überleben einer Unternehmensorganisation sein als die Geschäftsleitung oder einzelne Führungskräfte. Als Beispiele seien der Relationship-Manager bzw. Berater des wichtigsten Kunden des Unternehmens, der Chefdesigner eines Unternehmens mit Design-Produkten oder ein besonders talentierter Forscher eines Pharmaunternehmens genannt.
2. In einer Welt mit immer flacheren Hierarchien in den Unternehmen gibt es damit immer weniger Möglichkeiten einer Führungskarriere im eigenen Unternehmen. Wollen die Unternehmen ihre talentierten Mitarbeiter dauerhaft binden, ist es geboten, ihnen Karrieremöglichkeiten über die Führungsleiter hinaus aufzuzeigen.

Modere analytische Stellenbewertungssysteme berücksichtigen übrigens schon seit Langem, dass der Wert eine Position nicht allein oder primär von der Hierarchiestufe, gegebenenfalls kombiniert mit der Unternehmensgröße sowie der Zahl der unterstellten Mitarbeiter, abhängt. Sie fragen nach Aufgabeninhalt, Verantwortung (insbesondere auch Umsatzverantwortung bei Nicht-Führungskräften) und vor allem nach dem Leistungsbeitrag der Stelle für das Gesamtergebnis des Unternehmens. Sie beseitigen damit die frühere Schieflage der Karriere- und Gehaltssysteme zugunsten von Führungskarieren.

In einer Organisation, die den Beitrag von Fach- und Führungskräften gleichermaßen wertschätzt, werden Fachkarrieren genauso angestrebt wie Führungskarrieren. Es wird vermieden, dass der Wunsch nach einer höheren Vergütung oder einem besseren Zugang zu Informationen sowie zu den Top-Entscheidern im Unternehmen nur über eine Führungskarriere möglich ist. Es wird möglich, dass Top-Fachkräfte ohne Führungsverantwortung (Top-Experten, Top-Projektmanager etc.) in puncto Vergütung, Nebenleistungen, Informationen und anderen Insignien der Bedeutung für das Unternehmen sehr viele Führungskräfte überholen.

3.1.3 Die gleichen Management-Kompetenzen bei Fach- und Führungskräften entwickeln

Wirklich die gleichen Management-Kompetenzen bei Fach- und Führungskräften entwickeln? Wie soll das gehen, welchen Sinn soll das machen?

Der Sinn hinter meinem Vorschlag ist ganz einfach. Für die professionelle Effektivität von Führungs- wie Fachkräften sind letztlich in der Praxis weitgehend vergleichbare Werkzeuge verwendbar bzw. Kompetenzen erforderlich.

An vorderster Stelle steht für mich die **Fähigkeit zur Kommunikation und zur Kooperation** mit anderen. Die Interaktion zwischen Menschen erfolgt durch Kommunikation. Ohne gute kommunikative Fähigkeiten und die Fähigkeit zur Kooperation mit Kollegen, Mitarbeitern und Führungskräften, sinkt die Chance, dass Fach- und Führungskräfte ein hohes Maß an Effektivität in ihrer jeweiligen Tätigkeit erreichen. Von daher macht es viel Sinn, Fach- und Führungskräfte darin zu unterstützen, ihre kommunikative Kompetenz auszubauen. Dazu gehört auch, die Konfliktkompetenz von Fach- und Führungskräften zu fördern. Der Nutzen einer verbesserten Fähigkeit zur Kommunikation und Kooperation wird sich für die Mitarbeiter nicht nur auf den betrieblichen Kontext beschränken.

Für die Erfüllung von Führungs- und Fachaufgaben in Unternehmen sind weiterhin ein gutes **Verständnis von und die Fähigkeit zur Planung** bzw. zu Planungsprozessen und gegebenenfalls von eigener Planungskompetenz von Bedeutung. Unternehmen müssen bestmöglich mit begrenzten Ressourcen wirtschaften, mit der Zeit und Zahl der Mitarbeiter sowie den sächlichen Mitteln, allen voran Geld/Kapital. Insoweit gehört ein Verständnis von den unternehmensinternen Planungsprozessen und -notwendigkeiten wie die eigene Fähigkeit, für die dem einzelnen übertragenen Fach- und Führungsaufgaben, den Zeit-/Personal- und Mitteleinsatz sowie den notwendigen Zeitbedarf planen zu können. In besonderem Maße sind solche Kompetenzen von Führungskräften und von Projektmanagern gefordert.

Eine weitere Grund-Management-Kompetenz ist die Fähigkeit zur **Selbstorga-nisation**, zur Selbstorganisation bezogen auf übertragene Aufgaben und auf das eigene Lernen. Wer in der Lage ist, sich Ziele zu setzen und deren Erreichung zu reflektieren, beim Anfall einer Vielzahl von Aufgaben zu priorisieren, mit Störungen durch Dritte umzugehen und für sich ein geeignetes Zeitmanagement zu finden, welches ihm sowohl eine zeitgerechte Aufgabenerledigung wie auch Phasen der Erholung ermöglicht, der hat damit gute Rahmenbedingungen für eine erfolgreiche Bewältigung der an ihn gestellten Aufgaben geschaffen. Und der wird auch als Führungskraft, Projektleiter oder bloße Fachkraft erfolgreich sein. Von daher hilft es ihm und seinem Unternehmen, wenn ihm geholfen wird, das nötige Handwerkszeug für eine effektive Selbstorganisation zu erlangen.

Über diese drei klassischen Management-Kompetenzen hinaus ist es aus meiner Sicht wichtig, noch eine vierte Kompetenz bei Fach- und Führungskräften zu fördern. Dies ist die **interne und externe Kundenorientierung**. Hierzu gehört zunächst ein Verständnis davon, wer interner Kunde ist bzw. von wem der Betreffende selbst der Kunde ist, d. h. für wen die eigenen Arbeitsergebnisse von Bedeutung sind bzw. wessen Arbeitsergebnisse für den eigenen Wertbeitrag im Unternehmen eine Vorbedingung sind. Natürlich gehört dazu auch ein Verständnis davon, welche Kunden das Unternehmen hat und der Befriedigung welcher Anforderungen bzw. Bedürfnisse die Dienstleistungen oder Produkte des Unternehmens dienen. Wenn es gelingt, dass alle oder doch möglichst viele Fach- und Führungskräfte des Unternehmens sich in die Erwartungen und Bedarfe ihrer internen und externen Kunden hineindenken können, verändert dies enorm viel. Es entsteht wie von selbst eine kundenorientierte, wenn nicht sogar -zentrierte Organisation.

Schließlich und endlich ist es hilfreich, wenn alle wesentlichen „Spieler" im Unternehmen (Fach- und Führungskräfte) ein betriebswirtschaftliches Gesamtverständnis haben. Sie verstehen dann und können mithelfen, einen wirtschaftlichen Erfolg des Unternehmens zu bewirken. Sie können dann verstehen, wie sich ihr Wertbeitrag zum Unternehmenserfolg in den Gesamterfolg und die Unternehmensstrategie einfügt. Sie verstehen dann auch, dass die Wertbeiträge aller Mitarbeiter, vom Pförtner bis zur Geschäftsleitung, am Ende für einen Erfolg des Unternehmens erforderlich sind und wertgeschätzt werden dürfen.

3.1.4 Lebenslanges Lernen und Weiterentwicklung: vor allem „on the job"

Unternehmen müssen, um langfristig zu überleben, fortwährend in die Weiterbildung ihrer Mitarbeiter investieren. Dies letztlich aus zwei Gründen: Der erste sind sich immer schneller verändernde Rahmenbedingungen (Märkte, Technologien, Kommunikationssysteme etc.), und der zweite ist der Bedarf nach einer längeren Leistungsfähigkeit der Mitarbeiter aufgrund der Abnahme der arbeitenden Bevölkerung wegen der bekannten demografischen Veränderungen. Wie aber kann lebenslanges Lernen und Weiterentwicklung von Fach- und Führungskräften in effektiver Weise stattfinden, in großen wie kleinen Unternehmen?

Meine Antwort lautet: Die kontinuierliche Weiterentwicklung XE "Weiterentwicklung:70:20:10 Modell"der Kompetenzen aller Mitarbeiter kann primär nur am Arbeitsplatz („on the job") erfolgen und zu einem geringen Teil durch formalisiertes Lernen wie die Teilnahme an Kursen, Schulungen, Seminaren etc. Als ein besonders effektiver Praxisstandard hat sich insoweit – unabhängig von der Unternehmensgröße – das „70:20:10 Model for Learning and Development" entwickelt, welches erstmals von Michael M. Lombardo und Robert W. Eichinger auf Basis einer Studie über den Erfolg von Fortbildung seit den 60er-Jahren in den USA beschrieben wurde [9]. Eine Weitentwicklung durch Aufnahme neuen Wissens erfolgt danach zu 70 % durch eigene Erfahrungen bei der Arbeit selbst (d. h. durch „try and error" bei der Beschäftigung mit Aufgaben und Problemen am Arbeitsplatz), 20 % des Lernerfolgs basieren auf sogenanntem sozialen Lernen, d. h. dem Lernen vom Vorgesetzten, Mentor, Coach oder anderen Personen im beruflichen Umfeld des Mitarbeiters, und nur zu 10 % durch formales Training mittels klassischer Aus- und Weiterbildungsprogramme (Seminare, Trainings etc.).

Das Modell sollte sicherlich nicht sklavisch als Messlatte verwendet werden oder als Ausrede dienen, nicht mehr in externe Weiterbildung zu investieren. Es macht aber deutlich, dass das sogenannte informelle Lernen dem formalen Lernen in Seminaren, Kursen oder Bildungseinrichtungen deutlich überlegen ist.

Wie kann eine Entwicklung „on the job" gefördert werden?[2] Ich denke, dies ist in vielerlei Weise möglich. Ganz generell kann man sagen, dass ein Erfahrungslernen es erfordert, dass Mitarbeiter ihre Komfortzone verlassen und erweiterte oder neue, bisher unbekannte Tätigkeiten/Verantwortung übernehmen. Dies kann von Führungskräften z. B. dadurch gefördert werden, dass sie Mitarbeiter dafür gewinnen, in Projektgruppen mit zu arbeiten, Entwicklungsaufgaben („Strech Assignments"), oder Sonderaufgaben zu übernehmen, den Arbeitsplatz dauerhaft oder temporär zu wechseln („Job Rotation" bzw. „Secondments") oder (zur Entwicklung als Führungskraft) die Abwesenheitsvertretung des Vorgesetzten zu übernehmen.

3.1.5 Den Austausch zwischen den Mitarbeitern fördern

Sowohl für die Personalentwicklung als auch die Bindung an das Unternehmen ist es wichtig, den Mitarbeitern die Chance und die Zeit (!) für einen Erfahrungsaustausch

---

[2] Siehe hierzu auch [11].

und eine gegenseitigen Beratung zu geben. Denn Menschen lernen zuvorderst von anderen Menschen, nicht vom Bücherlesen, Onlinekursen etc. Ein solcher persönlicher Austausch ermöglicht neben dem gemeinsamen Lernen eine Vernetzung der Mitarbeiter, die für das Miteinander im Unternehmen per se hilfreich ist. Er stärkt das Wir-Gefühl und den Teamgeist.

Ein Austausch kann in formeller und informeller Weise gefördert werden. Die Einrichtung einer zentralen Kaffee-Küche als Pausentreffpunkt für die Mitarbeiter eines kleinen Unternehmens, der Abteilung oder des Bereichs eines Unternehmens, Abteilungsfeiern oder Betriebsfeste sind Beispiele für informelle Austauschmöglichkeiten, die durchaus zielgerichtet vom Unternehmen geschaffen werden können. Ja, der Austausch dort kostet Zeit, im Zweifel bezahlte Arbeitszeit. Und diese Zeit ist nach meiner Erfahrung gut investiert, da das hierdurch erreichte Kennenlernen zwischen Mitarbeitern, die nicht mit einem im gleichen Team arbeiten, die Kooperationsfähigkeit an den Schnittstellen zwischen verschiedenen Unternehmensbereichen verbessert und die Gefahr von Konflikten dort vermindert.

Formelle Austauschmöglichkeiten sind z. B. Mentoring, Führungskräfte-Zirkel oder das Einrichten von Treffen zum gegenseitigen kollegialen Coachen. Die Effektivität dieser formellen Austauschmöglichkeiten ist erfahrungsgemäß dabei größer, wenn ein solcher Austausch von einem externen Berater oder einem entsprechend geschulten Kollegen aus dem Unternehmen, der der Gruppe selbst nicht angehört, moderiert wird. Zwingende Voraussetzung ist eine Moderation aber nicht.

Nachfolgend sollen einige in der Praxis besonders wichtige Austauschmöglichkeiten kurz vorgestellt werden:

(1) Mentoring und Reverse Mentoring Mentoring ist ein Personalentwicklungsinstrument, bei dem ein erfahrener Mitarbeiter einem noch unerfahrenen dauerhaft oder für eine vordefinierte Zeit als Berater zur Seite steht. In dieser dualen Vertrauensbeziehung ist es die Aufgabe des Mentors, seinem Schützling (dem Mentee) in seiner beruflichen und gegebenenfalls auch persönlichen Entwicklung zu unterstützen, insbesondere indem er diesem sein Erfahrungswissen zur Verfügung stellt. Für die Mentoren ist es erfahrungsgemäß ein Nutzen, dass der Mentee direkt oder indirekt ihre bisherige Arbeitsweise und ihr Verhalten hinterfragt und so zu einer Reflektion hierüber veranlasst wird. Mentoring – gleich ob formell (als Teil eines offiziellen Firmenprogramms) oder informell (wenn sich Personen finden, die es praktizieren) – ist in der Praxis sowohl für die Führungskräfte- als auch die Fachkräfteausbildung ein sehr wirksames Personalentwicklungsinstrument.

Beim sogenannten Reverse Mentoring, welches etwa die Deutsche Telekom nutzt, übernehmen Junge die Mentorenrolle für Ältere, dort wo sie mehr Kompetenzen haben, z. B. in der Mediennutzung.

(2) **Führungskräfte- oder Projektleiter-Treffen**   Moderiertes Treffen einer Gruppe von Führungskräften oder Projektleitern zum Zwecke, eine Reflexion über die eigene Arbeit zu ermöglichen und Anregungen sowie Unterstützung für die eigene Arbeit zu gewinnen bzw. Kollegen in gleicher Aufgabe zukommen zu lassen.

Zu förderlichen Rahmenbedingungen gehört, dass es sich um geschlossene Gruppen handelt, die für die Treffen Vertraulichkeit vereinbaren. Hierdurch wird – anders als zumeist bei der Reflexion mit der eigenen Führungskraft – ein hohes Maß an Offenheit und Bereitschaft zur „Entblößung" in Bezug auf Problemsituationen, Hilflosigkeit und andere Krankmachern ermöglicht. Die Teilnehmer erfahren, dass sie nicht allein dastehen mit ihren Problemen und Nöten. Sie erhalten im Idealfall Zuspruch und Rat von Kollegen, die die gleiche Problemsituation schon erlebt und gemeistert haben.

Bei Projektleitern oder Führungskräften, die erst jung in der Aufgabe sind, kann anfangs ein monatliches Treffen für zwei bis vier Stunden Sinn machen. Ansonsten ist es meist üblich, solche Gruppen quartalsweise und zusätzlich bei Bedarf (z. B. im Zusammenhang mit einer wesentlichen Organisationsveränderung) tagen zu lassen.

(3) **Kollegiale Beratung**   Eine strukturierte Form der gegenseitigen Beratung bezogen auf schwierige konkrete Probleme des Unternehmensalltags (z. B. bei Führungsproblemen, Problemen mit Kunden, fehlender Kooperation von Kollegen etc.) ist die sogenannte kollegiale Beratung bzw. Intervision [8]. Sie kann z. B. in die vorgenannten Treffen von Führungs- und Fachkräften integriert werden. Sie kann gegebenenfalls auch ad hoc und insbesondere in kleineren Gruppen, denen nicht alle Personen mit gleicher Funktion im Unternehmen angehören, stattfinden. Ein Wesensmerkmal der kollegialen Beratung ist, dass jeder einmal in jeder Rolle ist, der des Fallgebers, des Beraters und gegebenenfalls des Moderators (sofern die Moderation nicht extern erfolgt). Zu den Rahmenbedingungen gehört auch hier, dass Vertraulichkeit über Inhalt und Abläufe der kollegialen Beratung nach außen hin von allen Teilnehmern gewahrt werden muss und die Gruppe eine Größe von zehn Teilnehmern nicht übersteigt. Zudem funktioniert die kollegiale Beratung in der Regel zwischen Personen, die sich vertrauen und so trauen, offen mit den anderen über ihre Probleme am Arbeitsplatz zu sprechen.

In Bezug auf die Art und Weise, wie kollegiale Beratung besonders effektiv abläuft, konkurrieren in der Praxis unzählige Modelle und Vorgehensweisen. Es werden je nach gewähltem Ansatz zumeist sechs Phasen (Grundmodell nach Lippmann), aber auch bis zu zehn Phasen (Heilsbronner Modell) der kollegialen Beratung unterschieden und auch die Rollen bzw. Kompetenzen der Beteiligten unterschiedlich definiert. Da auch hier Einfachheit Trumpf ist und es zu vermeiden gilt, dass im Rahmen von sehr ausgefeilten Modellen gegebenenfalls viel Energie für die Diskussion verloren geht, ob einzelne Beiträge in dieser, oder besser in einer früheren oder späteren Phase zu behandeln seien, möchte ich Ihnen hier nur ein einfaches Modell mit sechs Phasen beispielhaft an die Hand geben:

Kollegiale Beratung in sechs Phasen
Phase 1: Entscheidung über zu beratende Fälle und über die Rollen
   In der ersten Phase ist zunächst eine Entscheidung darüber zu treffen, welcher Fall bzw. welche Fälle (ideal sind zwei in einem Meeting) beim jeweiligen Treffen beraten werden soll/sollen. Für jeden zu beratenden Fall ist dann festzulegen, wer bei diesem die Rolle des Moderators einnimmt, sofern die Moderation nicht durch einen externen Berater erfolgt.
Phase 2: Schilderung und Erkundung des Falls
   Nach einer kurzen Einleitung durch den Moderator (gegebenenfalls mit Erinnerung an die Spielregeln) berichtet der Fallgeber in möglichst fokussierter Form (idealerweise maximal für zehn Minuten) von seinem Fall. Die Teilnehmer haben die Aufgabe, sich vollends auf die Aufnahme der erhaltenen Informationen zu konzentrieren und noch nicht nach Parallelen in der eigenen Erfahrung oder nach Lösungen zu suchen. Im Anschluss an die Fallschilderung haben der Moderator und gegebenenfalls auch die anderen Teilnehmer (Berater) die Chance, wesentliche Verständnisfragen zu stellen. Idealerweise sollten dafür weitere fünf Minuten genügen. Bewertungen, Vermutungen etc. sollten in dieser Phase von den beratenden Kollegen nicht geäußert werden.
Phase 3: Fallfrage/gewünschtes Ergebnis der Beratung
   Der Moderator fordert den Fallgeber dann auf, eine konkrete Frage zu stellen, die von den anwesenden Kollegen beantwortet werden soll, bzw. das gewünschte Ergebnis der Beratung zu benennen.
Phase 4: Festlegung der Methodik bzw. des Fokus, mit dem das Thema diskutiert wird
   Abhängig von der Fallfrage bzw. dem gewünschten Ergebnis verständigen sich Fallgeber und Teilnehmer auf einen Vorschlag des Moderators, gegebenenfalls auch von beratenden Kollegen, der beinhaltet, mit welchem Fokus bzw. welchen Methoden die Berater das Thema diskutieren wollen.
   Denkbar ist, dass zunächst für den Fallgeber ein Resonanzraum geboten wird, in dem alle Teilnehmer ihre spontanen Eindrücke, Gefühle oder Bilder benennen, die ihnen angesichts der Fallschilderung in den Sinn gekommen

sind. Eine eher klassische Vorgehensweise wäre die Entscheidung für eine sofortige Beratung des Themas mithilfe von Kreativitätstechniken nach Lösungen. Geeignete Kreativitätstechniken können z. B. sein: Moderation mittels Metaplan oder Pinnwand (Sammeln, Visualisieren, Ordnen und Bewerten der produzierten Ideen), Brainstorming oder Brainwriting (Trennung von Ideensammlung und Ideenbewertung und -diskussion, entweder verbal oder schriftlich), Kopfstandtechnik (es wird nach Möglichkeiten versucht, das Problem zu verschärfen), 6-3-5-Methode (bei 6 Teilnehmern schreibt jeder 3 Ideen auf einen Zettel, den er weitergibt und dann auf dem erhaltenen Zettel die dort enthaltenen Ideen weiterentwickelt) oder Mindmapping (Erstellen von Gedankenlandkarten, die Wort- und Bildzeichen beinhalten und Strukturen deutlich machen).

Phase 5: Beratung

Beim Herzstück der kollegialen Beratung, der Durchführung der Beratung selbst, ist aus meiner Sicht nur ein Element von elementarer Bedeutung. Der Fallgeber nimmt die Rolle des Beobachters der Beratung ein, er nimmt an der Beratung nicht selbst teil, interveniert nicht, bewertet nicht, sondern lässt das Gehörte auf sich wirken. Es ist allein die Aufgabe des Moderators, zu kurzen und prägnanten Äußerungen zu ermutigen und Monologe zu unterbinden, eine vom eigentlichen Thema weglaufende Diskussion einzufangen oder fehlerhafte Unterstellungen zum Sachverhalt anzusprechen. Die Beratung dauert typischerweise 15 bis 30 min.

Achtung: In einigen Fällen werden die Phasen 4 und 5 mehrfach mit unterschiedlichem Fokus bzw. unterschiedlichen Methoden durchlaufen, z. B. wird zunächst nur ein Resonanzraum für den Fallgeber geboten, in dem alle Teilnehmer ihre spontanen Eindrücke, Gefühle oder Bilder benennen, die ihnen angesichts der Fallschilderung in den Sinn gekommen sind. Danach wird dann – auch unter Berücksichtigung dieser spontanen Resonanz – gezielt z. B. per Brainstorming oder anderer Kreativtechniken nach Lösungen gesucht. In diesem Fall sollte darauf geachtet werden, dass die Phase 5 jeweils nicht viel länger als zehn Minuten dauert.

Phase 6: Abschluss

Nach der Beratungsphase entscheiden Fallgeber und Moderator, ob der Fall ausreichend beraten ist oder noch unter einem anderen Fokus beraten werden soll. Ist er abgeschlossen, so dankt der Fallgeber allen Beratern für ihre Beiträge. Es ist möglich, aber nicht zwingend erforderlich, dass er ein erstes

Feedback gibt, welche Anregungen, Lösungsansätze oder Perspektiven ihm
auf den ersten Blick besonders wichtig sind.

Es macht abschließend Sinn, dass sich alle Teilnehmer an der kollegialen Beratung weitere fünf Minuten Zeit nehmen für eine kurze Reflexion
des durchlaufenen Prozesses (nicht jedoch der gefundenen Ergebnisse bzw.
diskutierten Inhalte!).

Es ist im Übrigen motivierend und lehrreich, bei einem Folgetreffen kurz darüber
zu informieren, wie sich der beim letzten Treffen beratene Fall entwickelt hat und
was gegebenenfalls eine „Lesson Learned" ist.

(4) Arbeitsfrühstück mit der Geschäftsleitung Sehr nutzbringend für beide Seiten, Mitarbeiter und Geschäftsleitung, ist es schließlich, wenn beide von Zeit zu Zeit
in informellem Rahmen zusammenkommen. Für die Mitarbeiter besteht die Chance, eine „Geschäftsleitung zum Anfassen" zu erleben und ihr gegebenenfalls auch
einmal positives wie negatives Feedback geben zu können. Die Geschäftsleitung
erhält bei einem solchen Arbeitsfrühstück „frei Haus" einen weiteren Resonanzboden, einen, der deutlich vom meist politisch gefärbten Resonanzboden der direkten
Mitarbeiter abweicht.

Neben Chancen hat ein solches Arbeitsfrühstück mit der Geschäftsleitung auch
spezifische Risiken. So sollte seitens der Geschäftsleitung darauf geachtet werden,
dass hierdurch nicht einem Übergehen von direkten Vorgesetzten in Bezug auf ori-
ginäre Führungsthemen das Tor geöffnet wird, oder Ängste bei Führungskräften
oder Projektleitern dadurch ausgelöst werden, dass sie aufgrund von Äußerungen
bei solchen Arbeitsfrühstücken sofort danach zur Geschäftsleitung zitiert werden. Das Arbeitsfrühstück sollte eben einen informellen und sozialen Charakter
behalten. Es sollte nicht die Vorlage für Mikromanagement sein.

3.1.6 Fortwährende Investition in die Weiterbildung der Mitarbeiter

Die Weiterbildung, ganz gleich, ob sie „on the job" stattfindet, durch soziales Lernen oder informale Weiterbildung und Schulung, kostet Zeit und Geld. Sichtbare
Kosten lösen naturgemäß primär die Begleitung der Personalentwicklungsarbeit
durch interne Stellen (Personalentwicklungsbereich) oder externe Trainer aus,
Schulungsmaßnahmen für Coaches und Mentoren, Teambuilding-Maßnahmen
sowie externe Schulungs- und Weiterbildungsveranstaltungen.

Diese Investition in die Aus- und Weiterbildung der Mitarbeiter ist, wie erwähnt, notwendig, damit die Mitarbeiter langfristig hohe Leistung erbringen können und sich nicht überfordert und von der Entwicklung abgehängt fühlen, mit der Folge von Krankheiten oder innerer Kündigung.

Fragt der Finanzchef den Unternehmensleiter: ‚Was ist, wenn wir viel Geld in die Ausbildung unserer Mitarbeiter investieren und sie dann das Unternehmen verlassen?' Gegenfrage des Unternehmensleiters: ‚Was ist, wenn wir dies nicht tun und sie bleiben?'
Frei nach einem seit 2010 kursierenden „CFO asks CEO"-Witz

Betriebliche Weiterbildung sollte die Kompetenzen der Mitarbeiter jeder Altersklasse gezielt im Hinblick auf erwartete zukünftige Entwicklungen zu erhöhen trachten. Wegen dieser Zukunftsorientierung, sollten die Kosten der Weiterbildung als ein „MUST" und nicht ein „NICE TO HAVE" verstanden werden und damit nicht – wenn die wirtschaftlichen Rahmendaten mal schlechter sind – schnell dem Rotstift zum Opfer fallen. Im Gegenteil, es macht sogar Sinn und entspricht durchaus der Praxis bei großen, erfolgreichen deutschen Industrieunternehmen, Auftragsflauten gezielt zu einer vermehrten Fortbildung zu nutzen. Ein Zurückfahren von Weiterbildungsmaßnahmen, wenn das Budget in einem Jahr nicht erreicht wird oder sogar Verluste drohen, spricht für eine sehr kurzfristige Denkweise oder dafür, dass die vorgesehenen Maßnahmen als nicht nutzbringend erachtet werden.

Sie mögen fragen, welche Kosten für Weiterbildung angemessen sind. Natürlich muss dies jedes Unternehmen für sich entscheiden. Ich glaube allerdings, dass Unternehmen durchaus Kosten in Höhe von 3 bis 5 % der Lohn- und Gehaltssumme für Weiterbildung einkalkulieren sollten, wobei ein Drittel bis die Hälfte der Kosten für indirekte Kosten in Form von bezahlter Freistellung bzw. internen Trainern anzusetzen sind.

3.2 Vergütungssysteme: fair und hygienisch statt individuell anreizend

Wenige Themen bieten so viel Gesprächs- und Zündstoff wie die Vergütung der Mitarbeiter. Auch für Sie als Unternehmen, Unternehmensleiter oder Führungskraft wird es, so meine Vermutung, einen Widerstreit von Meinungen zum Thema Vergütung geben. Was ist hier notwendig und was fair?

Mich beschäftigt das Thema Vergütung seit meiner Tätigkeit als Personalvorstand eines größeren Dienstleisters für die Bauwirtschaft sowie als Geschäftsführer des deutschen Ablegers eines großen amerikanischen Beratungsunternehmens. An

Beispielen, wie es nicht gut funktioniert, so finde ich, erkennt man am schnellsten, worauf es ankommt.

Meine eigenen Beobachtungen und Erfahrungen führen zu einigen ganz klaren Ratschlägen, die allerdings – da möchte ich Sie vorwarnen – weit abseits vom Mainstream bzw. marktüblichen Ansatz liegen. Vielleicht sind sie gerade deshalb für Sie interessant. Vorab macht es Sinn, der Motivationswirkung von Vergütung nachzugehen.

3.2.1 Mythos: Motivation durch Geld!

Sind Menschen überhaupt durch andere motivierbar oder ist Motivation etwas Intrinsisches? Mit dem Glauben an eine externe Motivation ist der Führungsexperte Reinhard K. Sprenger schon vor Jahren in seinem Management-Buch „Mythos Motivation" [12] hart ins Gericht gegangen. In neuerer Zeit sind es Gehirnforscher wie Prof. Gerald Hüther, die auf Wirkmechanismen hinweisen, die deutlich gegen eine (nachhaltige) Motivationswirkung von Vergütung sprechen. Auch die bereits erwähnten Studien dazu, was Mitarbeiter an ein Unternehmen bindet, sprechen dafür, dass – wenn überhaupt – die Motivationswirkung von Geld im Vergleich zu anderen „Umweltfaktoren" im Arbeitgeberunternehmen gering ist.

Einige Untersuchungen, wie die Meta-Analyse von Edward L. Deci, Richard Koestner und Richard M. *Ryan* [3, S. 627 ff., 656] zu mehr als 120 amerikanischen HR-Studien deuten darauf hin, dass extrinsische Belohnungen wie Geld sogar einen negativen Effekt auf die Eigenmotivation (intrinsische Motivation) von Menschen haben und zwar umso stärker, als die Tätigkeit bzw. Aufgabe des betreffenden Mitarbeiters interessant bzw. angenehm ist. Die gleiche Meta-Analyse ergab auch, dass dann, wenn die Belohnung im Vorhinein feststeht, der demotivatorische Effekt für die intrinsische Motivation am höchsten ist. Bei wenig interessanten Tätigkeiten kann – so die Analyse – eine extrinsische Belohnung allerdings die intrinsische Motivation erhöhen [1, S. 1 ff., 14].

Selbst die Anhänger einer Motivationswirkung von Geld räumen regelmäßig ein, dass es nicht die absolute Höhe der Vergütung ist, die motivierend wirkt (unterstellt, ihre Höhe reicht aus, davon gut zu leben). Es ist vielmehr die relative Höhe der eigenen Vergütung im Vergleich zur Vergütung von – aus eigener Perspektive – vergleichbaren Führungskräften/Arbeitnehmern (Peers), die für die Zufriedenheit ausschlaggebend ist.[3] Anders ausgedrückt: Der Einzelne will im Zweifel mindestens so viel oder mehr verdienen wie Personen, die er im eigenen Unternehmen (und gegebenenfalls in vergleichbaren Unternehmen) als mit sich vergleichbar ansieht.

---

[3] Daraufhin deuten auch wissenschaftliche Untersuchungen, vgl. [7, S. 157, 163].

Ein simples Beispiel, das die Richtigkeit dieser Behauptung belegt, lautet wie folgt

Nehmen wir an, Mitarbeiter A bekommt vom Chef des Unternehmens, ohne dass er darauf nach dem Arbeitsvertrag Anspruch hatte, zum Jahresende eine Sonderzahlung in Höhe von 10 % seiner Jahresvergütung.

Wird ihn das motivieren und anspornen, weiter und mit noch mehr Energie für das Unternehmen tätig zu sein? Vermutlich ja.

Wie ist es aber, wenn der Mitarbeiter erfährt, dass die Sonderzahlung des Kollegen (Mitarbeiter B), der eine vergleichbare Arbeit erledigt und mit ihm am gleichen Tag in der Firma angefangen hat, 50 % höher ist? Die Tantieme von A ist immer noch die gleiche und immer noch überraschend. Jetzt ärgert er sich aber, weil er weniger als B bekommen hat, und wird darüber nachsinnen, wie er sich beim Firmenchef für diese Ungerechtigkeit revanchieren kann.

Als *Zwischenergebnis* halte ich fest, dass Geld in vielen Fällen keine oder keine deutlich und nachhaltig positive motivierende Wirkung hat. Eine im internen Quervergleich als zu niedrig empfundene Vergütung hat jedoch immer eine demotivierende Wirkung.

3.2.2 Welche Gesamt-Vergütung ist fair?

Angesichts der Gefahr einer Demotivation durch eine als zu niedrig empfundene (Gesamt-) Vergütung, stellt sich die Frage, welche Vergütungshöhe angemessen und fair ist bzw. dementsprechend von den Mitarbeitern empfunden wird.

Die zentrale Schwierigkeit bei der Festsetzung von Vergütung besteht darin, dass es keine objektiv eindeutigen Anhaltspunkte für eine gerechte und faire Vergütung gibt und dass für die meisten Jobs und Tätigkeiten nur wenige Anhaltspunkte dafür vorhanden sind, welchen „inneren Wert" die Tätigkeit eines Mitarbeiters hat. Damit kann dieser nicht als Anhaltspunkt für die Bemessung einer fairen Vergütung dienen. Es bleibt damit die allgemeine marktwirtschaftliche Frage, zu welcher Vergütung die Mitarbeiter faktisch für das Unternehmen zu arbeiten bereit sind, und der schon erwähnte interne Quervergleich mit der Vergütung anderer Mitarbeiter im Unternehmen.

Die aus Sicht des einzelnen Mitarbeiters als fair und akzeptabel empfundene Vergütung hängt von vielen Faktoren ab. Dazu zählen die marktübliche Vergütung, d. h. die Vergütung, die für die betreffenden Arbeitnehmer regional erreichbare und vergleichbar sichere und attraktive Arbeitgeber für vergleichbare Arbeit zahlen, die erwarteten Entwicklungschancen im Unternehmen, das (erwartete) Betriebsklima und nicht zuletzt der Sympathiefaktor des unmittelbaren Vorgesetzten.

Eine in gewissem Umfang objektive Indikation für eine faire und angemessene Vergütung können gegebenenfalls Gehaltsstudien liefern. Sie enthalten zwar nur einen Blick in den Rückspiegel, sofern sie aber wirklich die Vergütung vergleichbarer Mitarbeiter vergleichen, liefern sie in jedem Fall Anhaltspunkte dafür, in welcher Bandbreite sich die Vergütung für entsprechende Positionen in einem externen Vergleichsmarkt abspielt. Aber Achtung, die Validität vieler Gehalts-Surveys ist fragwürdig. Basieren sie auf Eigenangaben von Mitarbeitern zur Vergütung, ist schon die Rohinformation fragwürdig. Zu hinterfragen ist immer auch, welche Industrien und Regionen in die Vergütung einflossen, da regionale Gehaltsunterschiede erheblich sind, meist aber nicht in den Studien abgebildet werden. Von daher empfehle ich, solche Gehalts-Surveys nur als Indikation für die faire Vergütung zu nehmen und hierauf aufbauend mit dem eigenen Bauchgefühl unter Berücksichtigung der Besonderheiten der eigenen Organisation (Größe, Arbeitsplatzsicherheit, Region etc.) bzw. der betreffenden Position (mit Lernpotenzial oder Aufstiegschancen, mutmaßliche Endposition etc.), der gewünschten Vergütungsstruktur (Anteil fixe und variable Vergütung) sowie der gewünschten Positionierung der (Gesamt-) Vergütung im Arbeitsmarkt (unter, im oder über Markt bezogen auf Fix- und oder Gesamtvergütung) das Vergütungsniveau für die eigenen Mitarbeiter festzulegen.

Ich empfehle, dass sich jedes Unternehmen vor allem über die Positionierung in Bezug auf die Vergütung Gedanken macht. Gerade Berater, die ihr Geld (auch) über Gehalts-Surveys verdienen, treiben Unternehmen explizit oder gegebenenfalls auch nur implizit dazu, die Vergütungsspirale mitzudrehen und immer über Markt zu bezahlen. Dieser „Preiswettbewerb" um Arbeitskräfte ist aber nicht nur teuer und damit gegebenenfalls wirtschaftlich riskant, es zieht unter Umständen auch die falschen Mitarbeiter an bzw. verhindert die Teambildung. Kleine Unternehmen in Branchen, die keine besonders hohen Margen erreichen, können ohnehin einen Preiswettbewerb mit Großunternehmen nicht durchstehen. Sie können aber gegebenenfalls durch ein Entwicklungschancen, ein tolles, familiäres Betriebsklima, flexible Arbeitsbedingungen und andere attraktive Rahmenbedingungen eine eher unterdurchschnittliche Vergütung kompensieren.

Wer für Geld kommt, geht auch für Geld!
Reinhard K Sprenger (2008),
Führungsexperte und Autor des Buchs „Mythos Motivation" [12]

Jedenfalls dort, wo Gehälter nicht „normiert" sind, wie im tariflichen Bereich, und nur knapp eine Familie ernähren, lohnt es also darüber nachzudenken, aus dem Vergütungswettbewerb auszusteigen – wohl gemerkt, nicht als Selbstzweck, sondern um die richtigen Mitarbeiter nachhaltig zu binden und auch nachhaltig an Bord halten zu können.

**Bewusst unterdurchschnittliche Vergütung
für Führungskräfte und Top-Manager?**

Spannend ist die Frage, was passieren würde, wenn Unternehmen ihren Spitzen-managern bewusst eine niedrigere als marktübliche Gesamtvergütung anbieten würden. Bekommen sie jetzt nur noch schlechte Vorstände, bekommen sie mindestens gleich gute Manager wie eine Gesellschaft mit Spitzenvergütung, verlieren diese aber relativ schnell wieder an letztere, oder bekommen sie Vorstände, die nachhaltiger agieren, oder ...?

Ich habe die starke Vermutung, solche Unternehmen bekämen trotz unter-durchschnittlich hoher Vergütung eher bessere als schlechtere Top-Manager. Voraussetzung ist, dass die nur moderate Vergütungshöhe nicht als Schikane verstanden wird und absolut gesehen auskömmlich ist. Voraussetzung ist auch, dass die Tätigkeit Gestaltungsspielräume bietet und Leben neben der Arbeit (sprich eine ausgewogene Life-Balance). Unter solchen Bedingungen dürften diese Unternehmen vermutlich gezielt Manager anziehen, denen es um die Sache geht und die nachhaltig wirken und lange bleiben.

Als *Zwischenergebnis* halte ich fest, dass Sie bei der Festlegung des (Gesamt-)Vergütungsniveaus insbesondere von außertariflichen Mitarbeitern den Mut haben sollten, nicht blind am Vergütungswettbewerb teilzunehmen. Es ist eine bewusste Positionierung bei der Vergütung gefragt, neben der unverzichtbaren internen Quergerechtigkeit. Als fair wird die Vergütung empfunden werden, wenn das Gesamtpaket inklusive der Vergütung fair ist.

3.2.3 Variable Vergütung: ja, aber richtig!

*Erst wenn der letzte Top-Performer nach Auszahlung des Bonus gekündigt, der letzte
Potenzialträger sein Potenzial einem anderen Arbeitgeber angeboten und der letz-
te Auszubildende nach Abschluss der Lehre das Unternehmen verlassen hat, werdet
Ihr merken, dass mit Geld keine Bindung ans Unternehmen erkauft werden kann.*
Abgewandelte Weissagung der Cree

Die wohl wichtigste Frage neben der, welche Gesamtvergütung angemessen und fair ist, ist die nach der Struktur der Vergütung. Wie viel der Gesamtvergütung sollte fix sein, wie viel variabel und – soweit variable Vergütung gewährt wird – von welchen Bedingungen sollte sie abhängen? Und schließlich stellt sich die Frage nach weiteren Nebenleistungen, von denen ich nachfolgend aber nur die Wichtigste, die betriebliche Altersversorgung, explizit ansprechen werde.

Ist eine variable Vergütung ein Muss für erfolgreiche Unternehmen? Nein, ich bin davon überzeugt, dass sie weder ein Muss noch per se förderlich für den Unternehmenserfolg ist. Sie ist insbesondere, entgegen hartnäckigen Gerüchten, vor allem gestreut von Personal-/HR-Beratern, nicht entscheidend für die Motivation bzw. die maximale Leistung der (großen Masse der) Mitarbeiter. Jedenfalls nicht, soweit sie an die individuelle Zielerreichung bzw. Leistung anknüpft. Förderlich und fair ist allerdings eine zusätzliche variable Vergütung, die eine Beteiligung der Mitarbeiter am Unternehmenserfolg darstellt.

(1) **Individualperformance-abhängige Vergütung: nein danke!** Auch wenn es bisher üblich ist, die variable Vergütung von der Erreichung individueller Ziele abhängig zu machen bzw. von der individuellen Performance, ist diese Form der variablen Vergütung nach meiner, durch langjährige Erfahrung gebildeten Überzeugung im Zweifel nicht förderlich für den Unternehmenserfolg.

Warum nicht? Ich möchte zunächst eine systemische *Gegenfrage* stellen:

Beispiel

Wenn eine von der individuellen Zielerreichung abhängige Höhe der variablen Vergütung die Lösung ist, was ist eigentlich das Problem?

Stellen wirklich Mitarbeiter, die ohne die „Zusatzkarotte" Bonus keine volle Leistung erbringen, das Problem dar? Wollen Sie im Unternehmen zu Hauf Personen beschäftigen, denen es um Entgeltoptimierung geht? Wie lange werden diese bleiben?

Ja, es ist richtig und fair, dass Mitarbeiter, die eine höhere Leistung als andere Mitarbeiter erbringen, eine höhere Vergütung erhalten. Trotz dieser Feststellung bleibt die Frage, ob es für die Herstellung von Vergütungsgerechtigkeit zwischen den Mitarbeitern eines variablen Maßstabs bedarf bzw. ob die variable Vergütung dafür das geeignetste Instrument ist? Die Frage stellen heißt auch hier, sie verneinen.

In meiner langjährigen Führungspraxis habe ich nicht eine einzige Mitarbeiterin oder einen einzigen Mitarbeiter kennengelernt, der nur in einem einzelnen Jahr eine überdurchschnittlich hohe Leistung erbrachte. Ich habe vielmehr festgestellt, dass sogenannte Top-Performer in allen Jahren einen überdurchschnittlich hohen Beitrag zum Unternehmenserfolg erbrachten, durchschnittliche Mitarbeiter durchgängig durchschnittlich leisteten und sogenannte Low-Performer – solange sie im Unternehmen geduldet wurden – immer unterdurchschnittliche Leistungen erbrachten. Ich habe bewusst von LEISTUNG bzw. BEITRAG ZUM UNTERNEHMENSERFOLG gesprochen und nicht Zielerreichung. Natürlich kam es vor, dass auch Top-

Performer ihre Ziele in einzelnen Jahren nicht erreichten. Der Grund dafür lag jedoch (primär) in exogenen Gründen (Markt, Produktzyklus etc.) und nicht in der individuellen Leistung oder gar der individuellen Anstrengung.

Wenn es jedoch richtig ist, dass der Wertbeitrag bzw. die Leistung von Mitarbeitern kein einmaliges Jahresereignis ist, dann müsste schon aus Gründen der Fairness der Vergütungsunterschied zwischen Kollegen mit mittlerer oder geringer Leistung richtigerweise bereits über eine unterschiedliche hohe Grundvergütung abgebildet werden! Aus diesen Erfahrungen ziehe ich die Forderung:

Leistungsgerechte Vergütung sollte nicht erst oberhalb der Grundvergütung beginnen!
Credo des Verfassers

Der Vergütungsunterschied sollte sich zugleich nicht nur in guten Jahren zeigen, sondern auch in schlechten.

Neben den vorstehenden Argumenten, die auf den Gesetzen der Logik bzw. der Fairness beruhen, gibt es weitere starke Praxisargumente gegen die Verwendung einer variablen Vergütung, die an die individuelle Zielerreichung der Mitarbeiter im betreffenden Jahr anknüpft.

Die Verknüpfung individueller Ziele mit der (variablen) Vergütung hat zunächst nachteilige Effekte für das Zielvereinbarungssystem selbst. Das Zielvereinbarungsgespräch wird so überlagert von taktischen Überlegungen des Arbeitnehmers, möglichst niedrige Ziele zu vereinbaren, um eine möglichst hohe Chance auf viel Bonus zu erreichen. Das Beurteilungsgespräch hat als „Hidden Agenda" auf Seiten der Führungskraft nicht selten die Anforderung, mit einem bestimmten Bonus-Budget auszukommen und im Hinblick darauf bzw. auf Erwartungen zur Verteilung aller Ratings der Mitarbeiter eine bestimmte Zahl von Mitarbeitern unter den Median zu drücken [siehe Abschn. 4.4.3].

Die Abhängigkeit der eigenen Vergütung von der Erreichung bzw. dem Übertreffen eigener Ziele produziert bei vergütungsaffinen Mitarbeitern eine Haltung, die auf Optimierung der eigenen Vergütung zielt und nicht auf einen maximalen Nutzen der Arbeitsleistung für das Unternehmen. Anschauliche Beispiele dafür, dass finanzielle Anreize zur Entgeltoptimierung führen und damit gegebenenfalls den Sinn hinter dem Anreiz gegebenenfalls konterkarieren, liefert Rolf Dobelli in seinem Buch „Die Kunst des klaren Denkens" [4].

Lehrbeispiel zur fehlerhaften Wirkung von finanziellen Anreizen

Nachdem Hanoi unter einer Rattenplage litt, setzten die französischen Kolonialherren eine Prämie für jede abgelieferte tote Ratte aus. Das paradoxe Ergebnis dieses Anreizes war: Statt die vorhandenen Ratten zu jagen, begann die Bevölkerung, Ratten zu züchten, um möglichst viele Prämien zu ergattern.

Ein weiterer, nicht zu unterschätzender negativer Nebeneffekt der Verknüpfung von variabler Vergütung mit der Erreichung individueller Ziele besteht darin, dass sich diese alles andere als förderlich für die Zusammenarbeit der Mitarbeiter auswirkt. Bei Vertriebsmitarbeitern mit abgegrenzten Gebieten mag das unerheblich sein, bei Mitarbeitern, die zusammen mit anderen Dienstleistungen erbringen oder Produkte produzieren, ist das jedoch anders. Hier ist die Kooperation aller am Wertschöpfungsprozess beteiligten Mitarbeiter von zentraler Bedeutung.

Neben individuellen egoistischen Verhaltensweisen, die ein solches Vergütungssystem fördert, produziert es kollektiv viele Unzufriedene. Da die finanziellen Ressourcen endlich sind, bewirken Vergütungssysteme, die die Höhe der variablen Vergütung von der individuellen Performance der Mitarbeiter abhängig machen, nämlich zwangsläufig, dass die hohe Bonifikation der Leistungsträger zulasten der Bonifikation für die Mitarbeiter mit mittlerer oder niedriger Leistung geht. Einigen Gewinnern des Vergütungssystems stehen damit meist deutlich mehr Verlierer gegenüber.

Angesichts einer sich rasant verändernden Welt ist es für Unternehmen vorteilhaft, wenn nicht sogar elementar, sich selbst möglichst rasch an Marktveränderungen anzupassen. Die Vergütungsrelevanz vereinbarter individueller Ziele und die Mitbestimmungspflicht der Änderung von Vergütungssystemen verhindern in der Praxis, dass Vorgesetzte gesetzte Ziele schnell und einfach verändern können bzw. sich Vorgesetzte und Mitarbeiter schnell an neue, auf die veränderte Situation passende Ziele einigen. Faktisch behindert ein Vergütungssystem mit individualisierter variabler Vergütung damit eine rasche Anpassung des Unternehmens an neue Marktgegebenheiten.

Ich denke, dies sind genug Gründe, um auf eine individuelle variable Vergütung zu verzichten.

Meine Grundthesen zum Thema individuelle variable Vergütung
1. Eine positive Anreizwirkung von individuell verdienter variabler Vergütung ist nur bei vergütungsafinen Mitarbeitern erreichbar und dies nur temporär, nämlich nur so lange, wie sie sich erkennbar kurz- oder mittelfristig steigert und nicht schlechter ist als die entsprechende variable Vergütung von vergleichbaren Personen („Peers").
2. Die Verknüpfung der Erreichung individueller Ziele mit einem Bonus führt zur Züchtung von Mitarbeitern, die ihre Vergütung optimieren, nicht von solchen, die ihren Wertschöpfungsbeitrag für das Unternehmen optimieren.

3. In einer sich rasant verändernden Welt verhindert die Verknüpfung der variablen Vergütung mit vereinbarten individuellen Zielen eine stetige, rasche Anpassung der Unternehmens- und damit auch der Mitarbeiterziele an neue Marktgegebenheiten und bewirkt damit einen Wettbewerbsnachteil.

4. Den Gewinnern des Bonus-Rennens müssen notwendigerweise viele Verlierer gegenüberstehen, für die das System per se damit demotivierend wirkt. Der demotivierende Effekt verstärkt sich dramatisch in der Folge der Reduzierung von Bonus-Pools in wirtschaftlich schlechten Jahren, weil hier – trotz aller Erläuterungen – ein Widerspruch wird zwischen Leistung des Mitarbeiters (= gegebenenfalls volle Zielerreichung) und Gegenleistung der Firma (= geringer Bonus) empfunden wird.

5. Eine an die Erreichung individueller Ziele gebundene variable Vergütung hat im Saldo für ein Unternehmen damit negative Effekte und sollte vermieden werden. Sinn macht stattdessen eine – gehaltsproportionale – Partizipation aller am Unternehmenserfolg.

(2) Unternehmensperformance-abhängige Vergütung: ja bitte! Aus den vorstehenden Feststellungen zur fehlenden nachhaltigen Motivationswirkung von individueller variabler Vergütung folgt nicht, dass eine variable Vergütung der Vergangenheit angehören sollte. Dies schon deshalb nicht, weil es einerseits ein Interesse des Unternehmens daran geben kann, dass nicht sämtliche Arbeitskosten fix sind. Auch dürfte es den Teamgeist stärken, zu einem guten Stück gleichgerichtete Interessen zwischen Inhabern und Mitarbeitern bewirken und nicht zuletzt einfach gegenüber den Mitarbeitern fair sein, die das gute Ergebnis letztlich erwirtschaftet haben, wenn alle Mitarbeiter an guten Unternehmensergebnissen partizipieren.

Aus den vorgenannten Gründen empfehle ich Unternehmen jeder Größe, neben einer Fixvergütung eine (kollektive) Beteiligung der Mitarbeiter am Unternehmenserfolg in Form einer spürbaren variablen Vergütung vorzusehen. „Spürbar" ist eine variable Vergütung, wenn sie in einem guten Jahr 10 % oder mehr der Jahresfixvergütung beträgt.

Neben der Frage, welche Mindesthöhe zur Wahrnehmbarkeit und damit Bedeutsamkeit einer variablen Vergütung führt, ist zu klären, wie die Höhe der Beteiligung am Unternehmenserfolg bemessen werden sollte und ob Differenzierungen zwischen Mitarbeitergruppen sinnvoll sind. Das Gute vorweg: Es gibt hier sicherlich viele „richtige" Lösungen.

Eine simple und sicherlich von den meisten Mitarbeitern als fair empfundene Erfolgsbeteiligung würde einen gleichen Prozentsatz der Festvergütung als variable Vergütung vorsehen (z. B. 10 % in normalen Jahren, 5 % in schlechten aber nicht desaströsen und bis zu 25 % in außerordentlich guten Jahren). Mitarbeiter mit höherer Fixvergütung erhalten absolut gesehen mehr variable Vergütung, aber nicht – wie in der Praxis meist üblich – relativ.

Ein anderes Modell könnte darin bestehen, Mitarbeitergruppen zu bilden und diesen einen unterschiedlich hohen Prozentsatz der Fixvergütung als Ziel-Unternehmenserfolgsbeteiligung zuzuordnen (z. B. 10 % für Tarifbeschäftigte, 15 % für AT-Angestellte, 25 % für obere Führungskräfte, 40 % für Geschäftsleitung). Die Höhe in schlechten bzw. in besonders guten Jahren würde im gleichen Verhältnis aufgeteilt.

Bei einem wieder anderen Modell wird der Bonus-Pool für die Mitarbeiter definiert (z. B. bestimmter Prozentsatz des Gewinns, der eine definierte Mindesthöhe übersteigt und gegebenenfalls ab einer bestimmten begrenzt ist) und dann ein vorher kommunizierter, fester Verteilschlüssel (z. B. analog den vorangehenden Beispielen) angewendet.

▶   Ein großer **Vorteil einer Unternehmenserfolgsbeteiligung** besteht darin,
    dass bei ihr typischerweise – anders als bei einer variablen Vergütung,
    die auf individueller Zielerfüllung beruht – nicht ein Erwartungswert
    entsteht, dass es immer eine variable Vergütung in einer bestimm-
    ten Höhe gibt bzw. diese eine stetig steigende Höhe hat. Wenn das
    Unternehmen weniger Gewinn macht, verstehen und akzeptieren die
    Mitarbeiter hier vielmehr, dass sie weniger variable Vergütung in Form
    von Erfolgsbeteiligung erhalten, obwohl sie persönlich gegebenenfalls
    ihre individuellen Ziele erfüllt haben.

Eine Unternehmenserfolgsbeteiligung muss und sollte allerdings nicht völlig blind und unterschiedslos auf alle Mitarbeiter angewendet werden. Aus hygienischen Gründen darf es *Ausnahmeregeln* für die wenigen Mitarbeiter geben, die keinen Wertbeitrag (eine Null-Leistung) erbringen, sowie gegebenenfalls für solche, denen außergewöhnliche Anstrengungen abverlangt wurden oder die einen extrem hohen, außerordentlichen Wertbeitrag geleistet haben, der über alle Zweifel erhaben ist. Es geht also nur um ein „Hygiene-Korrektiv" für 1 bis 5 % der Mitarbeiter am unteren und gegebenenfalls oberen Rand der Leistungsskala.

Insbesondere bezogen auf extreme, mutwillige Low-Performer oder Personen, die keinerlei Teamgeist oder andere, den Betriebsfrieden störende Verhaltenswei-sen zeigen, sollte nicht der Eindruck entstehen, dass ein solches unerwünschtes

Verhalten ohne Konsequenzen bleibt. Würden solche Mitarbeiter wie jeder andere Mitarbeiter am Unternehmenserfolg beteiligt, würde sich das schlecht auf die
allgemeine Moral auswirken. Aus rechtlichen Gründen kann es sinnvoll sein, eine
Herausnahme von Mitarbeitern aus der Unternehmensbeteiligung an die Zustimmung eines vorhandenen Betriebsrats zu knüpfen. Meine Erfahrung ist, dass sich
Betriebsräte eher noch stärker als Führungskräfte für eine konsequente Ahndung
von Fehlverhalten einsetzen.

Gegebenenfalls kann auch für Langzeitkranke ein Korrektiv (Verbesserung oder
Reduktion) vorgesehen werden.

Eine individuelle Erhöhung der variablen Vergütung sollte aus meiner Sicht ganz
vermieden oder doch nur sehr, sehr selektiv erfolgen. Dies schon deshalb, weil sich
sonst schnell eine entsprechende Erwartungshaltung einbürgert und die negativen
Effekte, die für die an individuelle Zielerfüllung geknüpfte variable Vergütung
beschrieben wurden, zu großen Teilen ebenfalls auftauchen können.

Je nach Unternehmensgröße und Selbstständigkeit der einzelnen Unternehmenseinheiten sollte aus den dargestellten Gründen einer reinen Beteiligung am
Unternehmenserfolg der Vorzug vor einer (teilweise) am Erfolg bzw. Ergebnisbei-
trag der einzelnen Division oder Abteilung anknüpfenden Vergütung der Vorzug
gegeben werden. Auch Mischsysteme sind m. E. fragwürdig, zumal sie nicht selten
hochkomplex sind.

Lediglich bei sehr großen Unternehmen, wo es mehr von Zufällen oder steuerlichen Besonderheiten abhängt, ob selbstständige Unternehmen oder operativ
völlig selbstständige Divisionen innerhalb eines rechtlichen Unternehmens gebil-
det werden, bestehen aus meiner Sicht keine durchschlagenden Argumente gegen
eine divisionsabhängige variable Vergütung.

3.2.4 Spot-Benefits und nicht monetäre Belohnung

In einer idealen Unternehmenswelt gibt es neben der Beteiligung am Unternehmenserfolg noch einen kleinen Topf für sogenannten Spot-Benefits. Hierunter wird
die zeitnahe Anerkennung von besonderen Anstrengungen und Anforderungen (z.
B. Wochenendarbeit über einige Zeit) mit einer kleinen Aufmerksamkeit wie einem
Essensgutschein, einer Flasche Sekt, einer Runde Eis für die Abteilung etc. verstanden. Es geht hier um die Anerkennung von Einsatz und Leistung, nicht jedoch
um einen materiellen Wertausgleich (soweit die vereinbarte Arbeitszeit deutlich
überschritten ist, wäre dieser auch in Form einer temporären Erhöhung der Vergütung bzw. mittels Mehrarbeitszuschlägen zu bewältigen). Daher ist der zeitliche
Zusammenhang zur Anstrengung bzw. Leistung von großer Bedeutung.

Eine Meta-Studie [3, S. 656] zur Wirkung von monetärer Belohnung auf die intrinsische Motivation lässt den Rückschluss zu, dass unerwartete, zeitnahe Belohnungen eine Form der Wertschätzung sind, die keine unerwünscht negativen Auswirkungen auf die intrinsische Motivation haben. Eine sofortige Belohnung, gleich in welcher Form, ist im Übrigen wirksamer als eine zeitlich aufgeschobene. Eine sofortige Belohnung mit geringem Wert wird sogar höher geschätzt als eine verzögerte mit höherem Wert, da der subjektiv empfundene Wert einer Belohnung in Abhängigkeit von der Verzögerung bis zur Aushändigung abnimmt (sogenanntes Delay Discounting) [10, S. 9].

Überraschend mag zudem die Erkenntnis aus einer anderen Meta-Untersuchung [1, S. 14; 3, S. 627, 629 f.] sein, dass eine verbale Belohnung (Lob, gegebenenfalls auch Nennung in der Firmenzeitung etc.), soweit sie sich auf das Lob beschränkt und nicht einen kontrollierenden, fordernden Inhalt hat („das war prima, Sie sollten diese Vorgehensweise unbedingt beibehalten"), eine deutlich höhere Korrelation mit Eigenmotivation und Interesse an der Arbeit aufweist als monetäre Vergütung.

3.3 Mit wenigen Tipps zur effektiveren betrieblichen Altersversorgung

Eine betriebliche Altersversorgung (bAV) ist ein MUSS. Nicht dass Geschäftsleiter, Führungskräfte und andere Arbeitnehmer nicht alternativ auch – aus versteuertem und verbeitragtem Einkommen – privat Vorsorge treffen könnten. Die betriebliche organisierte Ergänzung der gesetzlichen Altersversorgung ist für sie aber in aller Regel besser in den Konditionen und auch von den Steuern und Abgaben her effizienter.

3.3.1 „Default-Lösung" für die Gestaltung der bAV

Es gibt auch für die Gestaltung einer betrieblichen Altersversorgung viele richtige Lösungen. Am wichtigsten ist, früh und in signifikantem Umfang für das Alter, eine Berufsunfähigkeit und eine Absicherung der Hinterbliebenen bei einem frühen Tod finanzielle Vorsorge zu treffen.

Aus meinen mehr als 20 Jahren Erfahrung mit der Beratung von Unternehmen und Geschäftsleitern zum Thema betriebliche Altersversorgung habe ich für Sie nachfolgend eine Art „Default-Lösung" beschrieben. Sie sind herzlich eingeladen, eine geplante oder schon vorhandene betriebliche Altersversorgung an dieser von mir empfohlenen „Default-Lösung" zu messen.

Meine Musterlösung für die Gestaltung der betrieblichen Altersversorgung

1. **bAV für alle:** Jeder Arbeitnehmer (vom Azubi bis zum Geschäftsführer/Vorstand; Vollzeit- und Teilzeitkraft) braucht eine Ergänzung der staatlichen Altersvorsorge durch eine betrieblich organisierte ergänzende Altersversorgung (bAV). Daher werden alle Mitarbeiter in die Versorgungsregelung einbezogen.

2. **Bedarfsgerechter Gesamt-Versorgungsbeitrag („14 % statt 4 %"):** Für eine auskömmliche ergänzende Altersversorgung über den Arbeitgeber ist – als Faustformel – insgesamt ein laufender Beitrag in Höhe von jeweils 10 bis 20 % der Grundvergütung erforderlich, wohlgemerkt, finanziert durch Arbeitgeber und Arbeitnehmer selbst. Für Geschäftsleiter, Führungskräfte und Fachkräfte mit Vergütung deutlich oberhalb der Beitragsbemessungsgrenze in der gesetzlichen Rentenversicherung sollte sich der Zielbeitrag eher am oberen Wert orientieren. Bei Führungskräften mit variabler Vergütung von 20 bis 50 % der Grundvergütung dürfte ein bedarfsgerechter Zielbeitrag bei 8 bis 14 % der gesamten Barvergütung liegen.

   Deutlich gesagt sein soll damit auch, dass die zumeist üblichen Versorgungsbeiträge von 2 bis 4 % der Grundvergütung bis zu Beitragsbemessungsgrenze in der gesetzlichen Rentenversicherung nur zu einem „Altersversorgungs-Feigenblatt" führen, nicht zu einer ausreichenden Ergänzung der gesetzlichen Altersrente. Hier ist – wenn kein erhebliches Vermögen besteht oder in großem Umfang private Vorsorge getroffen worden ist, eine deutliche Einschränkung des Lebensstandards im Alter unvermeidbar.

3. **Automatische Einbeziehung der Versorgungsberechtigten mit Eigenbeiträgen:** Die Vorfinanzierung der betrieblichen Altersversorgung sollte – so mein Vorschlag – auf beide Schultern verteilt sein – die des Arbeitgebers und die des Arbeitnehmers. Dies aus zwei Gründen: 1. Der Arbeitgeber kann die notwendigen hohen Versorgungsbeiträge nicht zusätzlich zum Arbeitsentgelt finanzieren. 2. Wenn Mitarbeiter nicht zur Eigenvorsorge bereit sind, werden sie die Versorgungsanstrengungen des Arbeitgebers erfahrungsgemäß wenig goutieren. Es hat sich daher bewährt, dass eine angemessene betriebliche Altersvorsorge von beiden Beteiligten finanziert wird, dem Arbeitgeber und dem Arbeitnehmer. Selbst im Niedriglohnsektor sind bei adäquater Gestaltung zumeist

Eigenbeiträge möglich, etwa durch Umwandlung von 10 bis 20 % der jeweiligen Gehaltserhöhung in Versorgungsbeiträge.

Wichtig ist, dass die Einbeziehung mit Eigenbeiträgen automatisch erfolgt, d. h. bereits im Dienstvertrag vereinbart ist. Die Erfahrung lehrt, dass bei einer automatischen Einbeziehung mit Eigenbeiträgen mehr als 80 % der Versorgungsberechtigten den Eigenbeitrag leisten, selbst wenn ihnen der Arbeitgeber das Recht zur Abwahl der Eigenbeiträge (sogenanntes Opting-out) gibt. Es kann dabei dahinstehen, ob sich die Arbeitnehmer überzeugen lassen, dass die Eigenvorsorge sinnvoll ist, oder nur ihre allgemeine Trägheit die Nutzung der Opting-Out-Option verhindert. Das Ergebnis ist in jedem Fall das gewünschte. Leider wird eine automatische Einbeziehung mit Eigenbeiträgen bisher nur in wenigen Branchen (dort übrigens sogar voll obligatorisch) praktiziert, obwohl sie sich doch als überlegen herausgestellt hat.[4]

Mein Vorschlag ist, dass die frühzeitige Beteiligung möglichst vieler Arbeitnehmer mit Eigenbeiträgen durch eine automatische arbeitsvertragliche Umwandlung von mindestens 2 % der laufenden Barvergütung und/oder 10 % von jeder Gehaltserhöhung in bAV-Eigenbeiträge angestrebt wird. Die Arbeitnehmer sollten dabei das Recht haben, sich jederzeit gegen den Eigenbeitrag zu entscheiden (sogenanntes Opting-out), da niemand bevormundet werden sollte.[5] Ein positiver Nebeneffekt für das Unternehmen ist übrigens, dass ein hoher Werbeaufwand für die eigene bAV damit verzichtbar wird.

4. **Einfache und faire Gestaltung des Versorgungssystems:**
Das Versorgungssystem sollte möglichst einfach gestaltet sein und höchstens drei Wahlmöglichkeiten lassen: während der aktiven Dienstzeit, 1. wie viel Eigenbeiträge erbracht werden und gegebenenfalls 2. ob ein zusätzlicher Todesfall- und Invaliditätsschutz bei gleichen Beiträgen gewünscht ist. Bei Erreichen der Altersgrenze, 3. ob statt Rente (teilweise) auch ein einmaliges Kapital ausgezahlt werden soll.

---

[4] Vgl. zum Thema „Auto-Enrolment", auch [5, S. 718, 719 f.]; seit 2012 ist eine solche semi-oligatorische Beteiligung mit Eigenbeiträgen in England Pflicht geworden.

[5] Dennoch werden erfahrungsgemäß mehr als 90 % der Arbeitnehmer diese Option nicht nutzen. Die Trägheit vieler Arbeitnehmer, die selbst bei attraktiven Versorgungsangeboten des Arbeitgebers dazu führt, dass diese faktisch nicht genutzt werden, wirkt hier positiv!

Die betriebliche Altersversorgung beinhaltet Risiken, die Relevanz für die Höhe der Leistungen und/oder Beiträge haben, vor allem Langlebigkeits-/Todesfallrisiko sowie Anlage- und Zinsrisiko. Wer sollte welche Risiken wirtschaftlich tragen? Mein Rat ist, diese Risiken auf beide Schultern zu verteilen. Der Arbeitgeber kann so einen moderaten Mindestzins (oder gegebenenfalls auch nur den Werterhalt der Beiträge) garantieren und dem Arbeitnehmer zusagen, dass darüber hinausgehende Erträge den Versorgungsberechtigten zugutekommen, statt einen hohen Marktzins voll zu garantieren. Das Langlebigkeitsrisiko kann der Arbeitgeber, wenn er aufgrund einer geringen Zahl an Versorgungsberechtigten keinen ausreichenden Risikoausgleich im Kollektiv hat, gegebenenfalls auf einen Versicherungsträger auslagern oder eine Verrentung auf einen Teil des im Ruhestand erreichten Versorgungskapitals begrenzen.

Eine faire Gestaltung lässt erwarten, dass der Arbeitgeber bei Einbezug von Versicherungsträgern (Direktversicherung, Pensionskasse oder -fonds bzw. rückgedeckte Direktzusage oder Unterstützungskasse) einen günstigen Tarif wählt mit geringen Abschluss-/Vertriebskosten sowie Verwaltungskosten, damit das Preis-Leistungs-Verhältnis insbesondere für die Eigenbeiträge hoch ist.

Der Arbeitgeber sollte aus Gründen der Fairness auch ersparte Arbeitgeberbeiträge zur Sozialversicherung aufgrund von Eigenbeiträgen der Arbeitnehmer vollständig, mindestens aber zur Hälfte an die Arbeitnehmer in Form von Arbeitgeberbeiträgen zur Altersversorgung ("Matching-Beiträge") weitergeben. Denn: Bei Arbeitnehmern mit Bezügen unterhalb der Beitragsbemessungsgrenzen in der Sozialversicherung führt die Entgeltumwandlung zu Reduzierung der Beitragsbasis und damit zur Reduzierung der entsprechenden Beiträge. Dies hat zudem – wenn auch geringe – mindernde Auswirkungen auf die spätere Höhe von Arbeitslosen und Rentenversicherungsleistungen (nicht auf Krankenversicherungs- und Pflegeleistungen). Zudem entfallen auf die späteren Versorgungsleistungen zumeist Beiträge zur Krankenversicherung der Rentner.

5. **Interne plus externe Vorfinanzierung**
Wegen der Begrenzung steuerlich abzugsfähiger Beiträge für Direktversicherungen (DV), Pensionskassen (PK) und Pensionsfonds (PF) ist in Bezug auf höher bezahlte Mitarbeiter eine Kombination von versicherungsförmigen Durchführungswegen (DV, PK und PF) mit einer Direktzusage oder Unterstützungskassenversorgung erforderlich. Die

Eigenbeiträge können in eine Direktversicherung (PK oder PF) fließen, der arbeitgeberfinanzierte Teil der betrieblichen Altersversorgung – sowie Eigenbeiträge, die über die steuerlichen Abzugsgrenzen hinausgehen – können effizient direkt vom Arbeitgeber erbracht werden (Direktzusage) oder durch eine von ihm eingeschaltete (rückgedeckte) Unterstützungskasse.

3.3.2 Besondere Anforderungen an die bAV für Geschäftsleiter/Top-Verdiener

Das Kapitel betriebliche Altersversorgung möchte ich schließen mit einer paar Hinweisen zur bAV für Geschäftsleiter sowie für Mitarbeiter, die Versorgungsansprüche gegen das Unternehmen erwerben, die über die vom Pensions-Sicherungs-Verein gesicherte maximale Höhe (die zugesagte Monatsrente bzw. 120tel eines zugesagten Versorgungskapitals übersteigt das Dreifache der monatlichen Bezugsgröße gemäß § 18 SGB IV, d. h. sie ist höher als 8.295 EUR in 2014) hinausgehen.

Soweit Geschäftsleitern betriebliche Versorgungsleistungen zugesagt werden, die selbst allein oder mit anderen Geschäftsleitern Mehrheitseigentümer einer Kapitalgesellschaft sind, sollte ein versierter Berater eingeschaltet werden. Für die steuerliche Anerkennung der Versorgung bei der Kapitalgesellschaft und beim Geschäftsleiter ist eine betriebliche Veranlassung des Aufwandes erforderlich, für die vom Bundesfinanzhof hohe Hürden aufgestellt wurden. Detaillierte Hinweise finden Sie dazu insbesondere in dem von Arne Lenz und mir verfassten Buch „Versorgungszusagen an Gesellschafter-Geschäftsführer und -Vorstände von Kapitalgesellschaften" [6].

Neben der steuerlichen Flanke ist bei Geschäftsleiter-Zusagen und sehr hohen Versorgungszusagen an Top-Fach- und -Führungskräfte häufig auch die (vollständige) Insolvenzsicherheit der Versorgung ein wichtiges Thema. Die Versorgungszusagen an Geschäftsleiter, die allein oder mit anderen mehrheitlich an der Kapitalgesellschaft beteiligt sind, und die Zusagen an andere Personen, soweit sie die genannte Sicherungshöchstgrenzen übersteigen, werden zwar nicht – wie erwähnt – gesetzlich vom Pensions-Sicherungs-Verein für den Fall der Insolvenz des zusagenden Unternehmens abgesichert. Für sie ist aber privatrechtlich ein entsprechender Schutz erreichbar.

Üblicherweise wird in diesen Fällen ein privatrechtlicher Insolvenzschutz dadurch erreicht, dass – soweit die Zusage als Direktzusage oder Zusage einer

Unterstützungskassenleistung konzipiert ist – im ersten Schritt eine wertmäßig kongruente Vorfinanzierung der zusagten Leistungen erfolgt und im zweiten dann diese Rückdeckung (Rückdeckungsversicherung, Fonds oder andere Vermögensanlage) zur Sicherheit an den Versorgungsberechtigten (und gegebenenfalls seine Hinterbliebenen) verpfändet wird. Alternativ kann auch eine Sicherung mittels einer Vertragstreuhandabrede (CTA – Contractual Trust Agreement) erfolgen, auch wenn deren Insolvenzsicherheit noch nicht höchstrichterlich anerkannt ist. Ganz wichtig: die Verpfändung bzw. Sicherungsabrede darf nicht allein für den Fall der Insolvenz des Arbeitgebers erfolgen, sondern für jede Nichtleistung bzw. verzögerte Leistung. Anderenfalls läuft der Begünstigte Gefahr, dass die Vereinbarung der Insolvenzanfechtung unterliegt. Soweit die Versorgung teilweise mittels Direktversicherung, Pensionsfonds oder Pensionskasse erfolgt, ist eine separate Sicherung nicht erforderlich, sofern wie üblich ein uneingeschränkt unwiderrufliches Bezugsrecht des Versorgungsberechtigten auf die Leistungen besteht.

3.4 Betriebliche Gesundheitsförderung – wesentlich mehr als Apfel und Rückenschule

Bei großen Unternehmen ist ein BETRIEBLICHES GESUNDHEITSMANAGEMENT seit einigen Jahren in Mode. Hinter dem hochtrabenden Begriff verbergen sich bei näherem Hinsehen häufig nur punktuelle, primär dem Personal-Marketing dienende Einzelmaßnahmen ohne signifikante nachweisbare Auswirkungen auf Arbeitskosten und Produktivität . . . neben den bereits gesetzlich vorgeschriebenen Maßnahmen des technischen, sozialen und medizinischen Arbeitsschutzes[6].

Gesundheit ist ein Zustand des vollständigen körperlichen, geistigen und sozialen Wohlergehens und nicht nur das Fehlen von Krankheit oder Gebrechen.
WHO (1986[7])

Es geht von dieser Definition ausgehend darum, dass die körperliche Integrität der Mitarbeiter gewährleistet ist, die Chance auf emotionale Balance besteht und eine soziale Integration der Mitarbeiter stattfindet.

---

[6] Siehe z. B. das Gesetz über die Durchführung von Maßnahmen des Arbeitsschutzes zur Verbesserung der Sicherheit und des Gesundheitsschutzes der Beschäftigten bei der Arbeit (Arbeitsschutzgesetz), Arbeitszeitgesetz, Jugendarbeitsschutzgesetz, Gesetz über Betriebsärzte, Sicherheitsingenieure und andere Fachkräfte für Arbeitssicherheit (Arbeitssicherheitsgesetz), Gesetz zum Schutz der erwerbstätigen Mutter (Mutterschutzgesetz).

[7] Siehe den Gesundheitsbegriff der WHO, der Weltgesundheitsorganisation, in ihrer Ottawa Charta von 1986.

Aus Sicht des Autors ist der vielfach verwendete Begriff betriebliches Gesundheitsmanagement, sofern er auch gegenüber den Mitarbeitern selbst so verwendet
wird, etwas unglücklich. Richtig ist, dass BETRIEBLICHES GESUNDHEITSMANAGEMENT
den Gesamtprozess bezeichnet. Im Verhältnis zum Mitarbeiter geht es jedoch nicht
darum, dass das Unternehmen, seine Führungskräfte oder ein Gesundheitsmanager die Gesundheit der Mitarbeiter managen. Die gestellte Aufgabe ist vielmehr, die
physische und psychische Gesundheit der Mitarbeiter bis ins hohe Alter zu fördern.
In diesem Sinne könnte von BETRIEBLICHER GESUNDHEITSFÖRDERUNG gesprochen
werden.

Eine gute, ganzheitliche betriebliche Gesundheitsförderung kann vielerlei liefern, deutliche Kostenreduzierungen und eine messbare Steigerung der Leistung
aller Mitarbeiter. Sie bietet darüber hinaus noch einen weiteren wichtigen Vorteil: Die Mitarbeiter gewinnen – im beruflichen wie im privaten Bereich – mehr
Lebensqualität!

Bevor beschrieben wird, was zu einer guten, ganzheitlichen Gesundheitsförderung im Unternehmen gehören kann, möchte ich zum wichtigen Thema der Gesundheitsförderung bzw. des Gesundheitsmanagements drei wichtige
Klarstellungen voranstellen:

▶ **Wichtig beim Thema betriebliche Gesundheitsförderung**

1. Ziel der Gesundheitsförderung: Eine betriebliche Gesundheitsförderung
   soll helfen, dass die Mitarbeiter des Unternehmens bis ins Alter leistungsbe-
   reit und leistungsfähig bleiben und zugleich mehr Lebensqualität haben.
   Das dient primär einer nachhaltig hohen Leistung und Innovationskraft
   des Unternehmens und nur nachrangig dem Personalmarketing oder –
   neudeutsch – Employer Branding.

2. Grundbedingungen für „gesunde Mitarbeiter": Gesundheit kann nicht von
   Vorgesetzten vorgeschrieben werden und findet auch nicht allein im
   Unternehmen statt. Dauerhaft gesunde und leistungsfähige Mitarbeiter
   sind vielmehr die Folge eines entsprechenden (veränderten) Gesund-
   heits*verhaltens* bzw. -haltung der Mitarbeiter, innerhalb und außerhalb des
   Unternehmens, sowie förderlicher Arbeits*bedingungen* am Arbeitsplatz.

3. Zielgruppe: Betriebliche Gesundheitsförderung ist nicht ausschließlich
   oder vorrangig ein Thema für Großunternehmen. Es ist vielmehr wichtig für Unternehmen jeder Größe und Branche. Denn natürlich können
   größere Unternehmen in breiterem Ausmaß Gesundheitsaufklärung und
   -maßnahmen anbieten als kleinere.

Eine gute und nachhaltige betriebliche Gesundheitsförderung arbeitet an zwei Fronten, an gesundheitsförderlichen **Arbeitsbedingungen** sowie der Förderung eines gesunden **Eigen-Verhaltens** der Beschäftigten. Beide Teile zielen primär auf Prävention statt auf Angebote, schon eingetretene Krankheitsumstände zu beseitigen. Für den Erfolg in beiden Teilen ist es von Vorteil, wenn Unternehmensleitung, Führungskräfte, Personalbereich, Betriebsarzt, Betriebsrat und gegebenenfalls auch andere „Stakeholder" zusammenarbeiten.

So richtig es ist, dass gesundes Verhalten nicht von Vorgesetzten vorgeschrieben werden kann, so richtig ist auch, dass das Verhalten der Führungskräfte bei dem Thema von entscheidender Bedeutung ist. „Gesunde Führung" ist gefragt. Gesunde Mitarbeiter haben Vorgesetzte, die Vorbild geben bezogen auf ein gesundheitsbewusstes Verhalten, die wissen, wie sie mit ihrem Verhalten den Stress bei ihren Mitarbeitern erhöhen oder vermindern, und die ihre Mitarbeiter dazu motivieren, selbst Verantwortung für die eigene Gesundheit zu übernehmen.

Psychische Krankheiten machen mittlerweile in der Statistik der gesetzlichen Rentenversicherung [13, S. 57] die Hauptursache für Renten wegen verminderter Erwerbsfähigkeit von Arbeitnehmern und bei der Krankenversicherung [2, S. 17] die zweithäufigste Ursache für Arbeitsunfähigkeit aus. Für die betriebliche Gesundheitsförderung stellt sich damit die Frage, wie wird die körperliche Integrität der Mitarbeiter gewährleistet, wie hoch ist die Chance auf emotionale Balance und findet eine soziale Integration der Mitarbeiter statt.[8] Insbesondere die beiden letzten Punkte haben noch nicht überall die notwendige Aufmerksamkeit, sonst würden HR-Abteilungen nicht den Apfel am Empfang, das gesunde Mittagessen und das Angebot einer Rückenschule als gut funktionierendes Gesundheitsmanagement feiern.

Natürlich ist es gut, dass Stühle ergonomisch sind, Bewusstsein für die richtige Körperhaltung entsteht, eine ausgewogene Kost eingenommen wird, auch im Betriebsrestaurant. . . Wenn es aber in der Mehrheit der Unternehmen ohne schwere körperliche Arbeit darum geht, dass die Mitarbeiter auch bis ins Alter hinein gesund bleiben, dann geht es primär um kognitive, gefühlsmäßige Faktoren, die gegeben sein müssen.

Dem von Aaron Antonovsky in den 70er-Jahren entwickelten Salutogenese-Modell ist es zu verdanken, den Rahmen für gesundheitsförderliche Bedingungen bzw. Resilienz auf eine klare Formel gebracht zu haben.

Wenn Arbeitnehmer,

---

[8] Siehe den Gesundheitsbegriff der WHO in ihrer Ottawa Charta von 1986.

- die Welt, in der sie arbeiten, verstehen (Sense of Comprehensibility)
- Vertrauen haben in ihre eigenen Fertigkeiten und die Fähigkeit, die auf sie zukommenden Anforderungen zu bewältigen, sowie darin, dass sie notfalls Unterstützung von anderen erfahren (Sense of Manageability)
- Vertrauen in Sinn und Bedeutung ihrer Arbeit haben (Sense of Meaningfulness),

dann empfinden sie an ihrem Arbeitsplatz das Gefühl von Kohärenz und Vertrauen. Die Chance für körperliches und seelisches Wohlempfinden, für Gesundheit steht damit sehr gut.

Wirksame Gesundheitsförderung verlangt Paradigmenwechsel

Die Leistungsfähigkeit und Gesundheit der Mitarbeiter kann dadurch unterstützt werden, dass im Unternehmen ein **Paradigmenwechsel** stattfindet:
- weg von Unternehmen bzw. Führungskräften, die den Mitarbeitern Gesundheitsmaßnahmen vorschreiben oder sie mit althergebrachten Anreizsystemen zu erreichen versuchen,
- hin zu Unternehmen bzw. Führungskräften, die ihre Mitarbeiter dabei unterstützten, sich eigenverantwortlich um die eigene Gesundheit zu sorgen.

Aus diesem Grunde sind die teilweise anzutreffenden Anreize für gesundheitsförderliches Verhalten der Arbeitnehmer, wie zusätzliche Urlaubstage für den Verzicht auf Rauchen, problematisch. Sie stellen faktisch eine Bevormundung der Mitarbeiter dar[9] bzw. werden häufig auch nur als semi-freiwillig verstanden. Letztlich werfen sie sogar die Frage auf, wie weit solche Beeinflussungen gehen dürfen, ohne dass darin nicht sogar ein Diskriminierungstatbestand liegt, etwa bis zu weniger Gehalt für Übergewichtige und anderes?

Mein Plädoyer: Es sollte um die Unterstützung der Arbeitnehmer dabei gehen, sich der eigenen Verantwortung für ihre Gesundheit sowie der Bedeutung ihrer Einstellung und ihres Verhaltens bezogen auf die eigene Gesundheit bewusst zu werden.

Wenn Mitarbeiter aus eigener Motivation gesünder essen, sich mehr bewegen, selbsterzeugten Stress vermeiden oder sich über Gesundheitsmaßnahmen informieren, dann ist der Anstoß zu einer nachhaltigen Verbesserung ihrer Gesundheit gegeben. Wenn das der Fall ist, dann garantiere ich Ihnen, werden sich die vielfach bei Arbeitnehmern anzutreffenden Vorbehalte gegenüber Gesundheitsangeboten von Unternehmen in Luft auflösen.

---

[9] Professor Johannes Wallacher in einem Interview in der FAS vom 7. April 2013. Sein Vorschlag einer Befragung der Mitarbeiter löst die aufgeworfene Problematik aber nicht, zumal ihr die Gefahr einer Minderheitsdiskriminierung immanent ist.

Wenn jemand Gesundheit sucht, frage ihn erst, ob er auch bereit ist, zukünftig alle
Ursachen seiner Krankheiten zu meiden – erst dann darfst du ihm helfen.
Sokrates (469–399 v. Chr.), griechischer Philosoph

Unternehmen, die dieses veränderte Verständnis von Gesundheitsförderung haben,
machen ihren Arbeitnehmern regelmäßig Angebote wie

- allgemeine Gesundheitserziehung und -aufklärung,
- individuelle Gesundheitsberatung im Bedarfsfall,
- erleichterter Zugang und gegebenenfalls finanzielle Unterstützung bezogen auf
  Gesundheitsmaßnahmen

neben der Bereitstellung einer gesunden Ernährung in der betriebseigenen Kan-
tine, dem Angebot einer Rückenschule und vielem mehr. Sie fördern nicht
zuletzt auch „gesunde Führung", eine Vertrauenskultur und das Vorhandensein
unterstützender sozialer Netzwerke (wie z. B. Kollegen in der gleichen Abteilung).

Hauptfaktoren für Gesundheit am Arbeitsplatz

Faire, wertschätzende Führung, Vertrauenskultur, als sinnhaft empfundene Ar-
beit und die soziale Einbindung der Mitarbeiter sowie ein Verständnis von
Selbstwirksamkeit und Selbstverantwortung bezogen auf die eigene Gesundheit
sind die Schlüsselfaktoren für resiliente, gesunde Mitarbeiter.
Angebote des Arbeitgebers in Bezug auf gesundes Essen, mehr Bewegung,
Massage oder Rückenschule etc. sind durchaus hilfreich, aber letztlich in der
Bedeutung nachrangig.

Auch in kleinen und mittleren Unternehmen ist eine „betriebliche Gesundheitsförderung" gefordert und möglich, auch wenn bei ihnen für dieses wichtige Thema
keine separate Stelle oder Funktion im Unternehmen geschaffen werden kann. Sensibilisierung und Aufklärung kann bei solchen Unternehmen im Zweifel vor allem
durch externe Dienstleister erbracht werden oder durch den Unternehmensleiter
bzw. geschulte Führungskräfte.[10] „Gesunde Führung" als Verhaltensprogramm
für Führungskräfte jeder Hierarchiestufe ist in jedem Fall größenunabhängig
einzufordern.

---

[10] Verschiedene Anbieter wie z. B. SKOLAMED in Königswinter bieten Fort- und Weiterbildungsmaßnahmen für Führungskräfte auf dem Gebiet der betrieblichen und individuellen
Gesundheitssteuerung an sowie ggf. die Ausbildung zum sog. Gesundheitsmanager.

Literatur

1. Cameron J, Banko M, Pierce W (2001) Pervasive negative effects of rewards on intrinsic motivation: the myth continues. Behav Anal 24(1):1–44
2. DAK (2013) Gesundheitsreport 2013. DAK Forschung, Hamburg
3. Deci E, Koestner R, Ryan R (1999) A meta-analytic review of experiments examining the effect of extrinsic rewards on intrinsic motivation. Psychol Bull 125(6):627–628
4. Dobelli R (2011) Die Kunst des klaren Denkens: 52 Denkfehler, die Sie besser anderen überlassen. Hanser, München
5. Doetsch P (2010) bAV 2020 – Ideen zur Gestaltung der Altersversorgung der Zukunft. BetrAVG (8):718–722
6. Doetsch P, Lenz A (2013) Versorgungszusagen an Gesellschafter-Geschäftsführer und -Vorstände von Kapitalgesellschaften. Verlag Versicherungswirtschaft, Karlsruhe
7. Judge T, Piccolo R, Podsakoff N, Shaw J, Rich B (2010) The relationship between pay and job satisfaction: a meta-analysis of the literature. J Vocat Behav 77(2):157–167
8. Lippmann E (2009) Intervision: Kollegiales Coaching professionell gestalten. Springer, Heidelberg
9. Lombardo M, Eichinger R (1996) The career architect development planner. Lominger, Minneapolis
10. Plichta M (2009) Neural correlates of delay discounting: effects of dopamine bioavailability and implications for attention-deficit/hyperactivity disorder (ADHD). Dissertation, Universität Würzburg
11. Seufert S, Fandel-Meyer T, Meier C, Diesner I, Fäckeler S, Raatz S (2013) Informelles Lernen als Führungsaufgabe. Scil Arbeitsbericht 24. St. Gallen, Universität St. Gallen und swiss centre for innovations in learning, Januar 2013
12. Sprenger R (2010) Mythos Motivation. Wege aus einer Sackgasse. Campus, Frankfurt a. M.
13. Statistik der Deutschen Rentenversicherung (2013) Rentenversicherung in Zahlen 2013. DRV Bund, Berlin

Effiziente Personalmanagement-Prozesse erreichen

4

4.1 Personalwachstum und Stellenbesetzung 2.0: „MAKE and BUY"

Die Fähigkeit, offen gewordene oder gar neu geschaffene Stellen mit qualifizierten Mitarbeitern neu besetzen zu können, ist überlebenswichtig. Sie ist in Deutschland künftig aber in Zeiten des demografischen Wandels und einer abnehmenden Zahl von Berufstätigen eine zunehmende Herausforderung.

Für die Rekrutierung von Personal stellt sich Unternehmen aller Größenordnungen die grundlegende Frage: Inwieweit können und wollen sie die Fach- und Führungskräfte von morgen selbst ausbilden bzw. heranziehen („make") und in welchem Umfang wollen und können sie bereits ausgebildete Fach- und Führungskräfte vom Markt bekommen („buy")?

Man muss kein Hellseher sein, um zu erkennen, dass Unternehmen, die ganz allein auf eine „Buy"-Strategie setzen, ein hohes Risiko fahren. Sie haben es nicht in der Hand, ob am Markt genügend qualifizierte Fach- und Führungskräfte vorhanden sind und ihr eigenes Unternehmen zum Zeitpunkt der Suche im Vergleich zu den vielen anderen, die ebenfalls Angebote an diese Fach- und Führungskräfte machen, attraktiv genug ist. Von daher kann nur empfohlen werden, zumindest auch über die Einstellung und das sukzessive Entwickeln von Auszubildenden und anderen jungen Mitarbeitern mit Potenzial für die offenen Stellen der Zukunft nachzudenken. Der Erfolg dieser Strategie wird ganz wesentlich vom Unternehmen selbst beeinflusst. Natürlich kann es vorkommen, dass gut ausgebildete Mitarbeiter von der Konkurrenz weggeschnappt werden. In Masse sollte dies aber nicht passieren, wenn das Betriebsklima stimmt und wenn weitere Entwicklungschancen bestehen. Die Treue von Azubis zum Ausbildungsbetrieb und die Loyalität von Mitarbeitern, in deren Entwicklung seitens ihrer Führungskräfte viel investiert wurde, sind nach meinen Erfahrungen jedenfalls sehr hoch.

P. A. Doetsch, *Mitarbeiterführung: Fair + Erfolgreich*,
DOI 10.1007/978-3-658-04958-4_4, © Springer Fachmedien Wiesbaden 2014

Natürlich muss die gestellte Frage nicht für alle künftig zu besetzenden Positionen gleich beantwortet werden. Einen Vertriebschef wird ein Unternehmen eher von außen „einkaufen" als ihn selbst zu „entwickeln", schon um dessen Kontakte aus früheren Tätigkeiten zu nutzen. Fachkräfte in einem Kernkraftwerk wird das Unternehmen im Zweifel (fast) ausschließlich selbst ausbilden müssen, auch weil es keinen breiten Markt gibt und die Kenntnis der Verhältnisse vo Oort von höchster Bedeutung ist.

Die Einstellung von Auszubildenden und noch unerfahrenen, daher relativ preiswerten Mitarbeitern mit dem Ziel, sie zielgerichtet zu qualifizieren und auszubilden, wird sich vielfach unter dem Strich als kostengünstiger bzw. wirtschaftlicher herausstellen als die kostenintensivere Suche nach erfahrenen Mitarbeitern. Richtig eingesetzt bringen Azubis und junge Mitarbeiter von Anfang an einen Wertbeitrag fürs Unternehmen – während aller Stationen ihrer Karriere. Bei enger Begleitung kann ihr Potenzial, ihre Einsetzbarkeit für neue Aufgaben und ihre unternehmenskulturelle Passung von Jahr zu Jahr besser beurteilt werden. Das Risiko einer Fehlbesetzung durch interne Kandidaten nimmt so im Zeitverlauf ab. Bei der Einstellung externer Kandidaten fallen dagegen Zusatzkosten durch den Einstellungsprozess (Anzeigekosten, Headhunter-Kosten, Einarbeitung etc.) an, zudem muss nicht selten für das Herauslösen aus einem bestehenden Anstellungsverhältnis und das Risiko eines neuen Arbeitgebers ein deutlicher Aufschlag auf die bisherige, im Zweifel marktgerechte Vergütung gezahlt werden. Ein Zuschlag, der nicht selten dauerhaft Wirkung zeigt. Das Risiko, dass ein externer Bewerber nicht in die Unternehmenskultur passt, nicht die erforderlichen Kompetenzen und Fähigkeiten hat, ist zudem nicht unerheblich, da einzelne Interviews und gegebenenfalls Einstellungstests nur ein eher flüchtiges Blitzlicht auf einen Bewerber werfen können (Tab. 4.1).

Der demografische Wandel mit einer sukzessive abnehmenden Zahl verfügbarer Fach- und Führungskräften wird – so meine Prognose – es für die meisten Unternehmen erforderlich machen, in starkem Maße selbst in- und ausländische Nachwuchs-Fach- und Führungskräfte von der Pike auf auszubilden.

4.2   Recruiting + Personalauswahl: reloaded

Das Ziel von Stellen- und Image-Anzeigen im Blick Stellen- oder Image-Anzeigen von Unternehmen sind Mittel zu dem Zweck, Dritten eine bestimmte Position im Unternehmen und das Unternehmen als solches zu beschreiben und schmackhaft zu machen. Von diesem Ziel ausgehend, verwundert es ein bisschen, dass sie häufig nur wenig „kundenorientiert" gestaltet sind. Sie weisen damit eine

Tab. 4.1 Pro und Kontra MAKE or BUY

	MAKE (eigene Ausbildung)	BUY (Einstellung mit Erfahrung)
Pro	Ausreichende MA-Zahl erreichbar	Erhöht Diversity – ermöglicht Lernen von anderen Organisationen
	Passgenaue Qualifikation	Schnelle Produktivität der neuen Mitarbeiter
	Hohe Bindung ans Unternehmen, längere durchschnittliche Verweildauer	
	Geringeres Vergütungsniveau	
	Fehlgriffe verursachen relativ wenig Kosten	
	Entwicklungsmöglichkeiten schaffen Anreize für Engagement und Leistung und erhöhen die Attraktivität des Arbeitgebers	
Kontra	Schmoren im eigenen Saft	Risiko nicht ausreichender Fach- und Führungskräfte mit Erfahrung
	Produktivität baut sich sukzessive auf	Geringere Bindung ans Unternehmen
		Höheres Vergütungsniveau
		Fehlgriffe extrem teuer
		Botschaft für vorhandene Mitarbeiter, dass Karriere leichter durch einen Unternehmenswechsel erreichbar ist

Sprache und Gestaltung auf, die sich offenbar primär am eigenen Geschmack und der eigenen Corporate Identity des Anzeigenschalters orientiert und nicht an dem der Zielgruppe. An dieser grundsätzlichen Feststellung ändert auch nicht, dass es in manchen Bereichen schon altersentsprechende Image-Kampagnen gibt, etwa solche für Studenten oder für Senioren, die sich von den allgemeinen Anzeigenkampagnen dann sprachlich und gestaltungstechnisch unterscheiden. Andere Eigenschaften als das Alter werden dagegen meist nicht angesprochen.

Der Wurm muss dem Fisch schmecken, nicht dem Angler!
Helmut Thoma (1990), früherer RTL-Chef

Das vorstehende Zitat, das zumeist Helmut Thoma zugesprochen wird[1], bringt die Sache auf den Punkt. Wer beim „Angeln" nach guten neuen Mitarbeitern Erfolg ha-

---

[1] Vgl. etwa den Eintrag in Wikipedia unter „Human Interest".

ben will, sollte seinen Fokus mehr darauf legen, dass die Sprache und Gestaltung einer Stellenanzeige der Zielgruppe „schmeckt". Im Idealfall werden nur Kandidaten mit den spezifischen Kompetenzen und Erfahrungen angesprochen, die das Unternehmen sucht, und alle anderen aktuell ohne Stelle von der Bewerbung abgehalten.

Das eine Stellenanzeige schaltende Unternehmen darf sich auch fragen, was die Gestaltung der Anzeige für Bewerber über die ehrlichen eigenen Erwartungen verrät. Dies ist nicht zuletzt eine Selbstoffenbarung zur Unternehmenskultur. Macht es unter diesem Aspekt wirklich viel Sinn, dass – wie so häufig – der gesuchte Bewerber als „Eierlegende Wollmichsau" beschrieben wird? Soll wirklich suggeriert werden, dass im Unternehmen „normale" Menschen mit Stärken und Schwächen nicht gefragt sind ... oder dass man die Stellen-/Bewerberbeschreibungen des Unternehmens sowieso nicht ernst nehmen muss?

Eine bewerberspezifische Gestaltung von Stellenanzeigen steht allerdings gegebenenfalls im Konflikt zu einer Gestaltung, die primär oder auch ein allgemeines Image-Ziel verfolgt, z. B. sich im Markt als erfolgreiches, wachsendes Unternehmen darzustellen. Damit wird eine große Zahl von künftigen potenziellen Bewerbern sowie Kunden des Unternehmens zur Zielgruppe. Je mehr eine allgemeine Image-Werbung intendiert ist, umso mehr verbietet sich eine sehr bewerberspezifische Ausrichtung der Stellenanzeige.

Ein weiterer Aspekt, der bei Stellenanzeigen zu beachten ist, ist der einer stellenprofil-spezifischen Gestaltung der Stellenanzeigen.

Stellenprofil- spezifische Gestaltung von Stellenanzeigen Auch wenn viele Leser es nicht glauben werden: Es ist möglich, Stellenanzeigen so zu gestalten, dass bereits eine deutliche, passgenaue Vorselektion stattfindet, dass die richtigen Fische anbeißen.

Ja, es ist möglich, neben geforderten Erfahrungen und erwartetem Verhalten sogar ganz konkrete Eigenschaften wie z. B. Proaktivität mit einer Anzeige anzusprechen. Am leichtesten lässt sich dies an Beispielen erläutern:

1. Wenn Sie etwa einen Buchhalter suchen, dann könnte es nützlich sein, die Stellenanzeige so zu verfassen, dass exakt arbeitende Menschen, wie Sie sie für diese Position suchen, von ihr angesprochen werden. Die Schwarz-Weiß-Anzeige hat gegebenenfalls exakte Zahlenangaben (zur Zahl der MA), listet gegebenenfalls genau auf, welche Schritte der Bewerber, der sich für die Stelle interessiert, als nächstes zu tun hat – und zielt damit auf Eigenschaften, die geeignete Kandidaten haben sollten.
2. Suchen Sie dagegen einen proaktiven Werksleiter mit Erfahrung und Hunger auf Wachstum, dann macht es Sinn, nur wenig Informationen in der Anzeige

zu geben und dazu einzuladen, mit einem sofortigen Anruf mehr über die Stelle zu erfahren. Nur ein proaktiver Kandidat wird das tun.[2]

3. Suchen Sie schließlich den Leiter für ein selbstbewusstes Marketing-Team, der ausgesprochen gute Teamfähigkeit haben soll, dann werden Sie sprachlich das „wir", „gemeinsam" etc. in den Vordergrund stellen und mit Bildern und Farben arbeiten, die die Gefühlswelt geeigneter Kandidaten in puncto Spontanität und Kreativität ansprechen.

Lange Rede, kurzer Sinn: Der Erfolg von Stellenanzeigen hängt sicherlich auch davon ab, wie sehr sie darauf zugeschnitten sind, welche Personen mit welchen Eigenschaften Sie ansprechen wollen.

Entsprechendes gilt für Image-Anzeigen. Je nach Medium und damit Konsumentengruppe darf diese unterschiedlich gestaltet sein.

Mir scheint, dass diese Kunden- und Zweckorientierung von Anzeigen bisher häufig nicht bei deren Gestaltung berücksichtigt wird.

▶   **Wirkungskette vom Stellenprofil zum Bewerber**
Klares Stellenprofil → Gewünschte Eigenschaften → Sprache in Anzeige, die diese Eigenschaften anspricht → Passende Bewerber

Stellenbesetzung /Auswahl neuer Mitarbeiter

Bauen Sie Ihr Unternehmen mit kantigen Steinen, Kugeln rollen weg.
(Hans A. Wüthrich, Dirk Osmetz und Stefan Kaduk im Buch „Musterbrecher" ([7], S. 282) Stichwort „Assessment-Center")

Wenige Prozesse im Unternehmen sind so wichtig wie die „richtige" Besetzung offener Stellen, gleich ob mit internen oder externen Kandidaten. Daher lohnt es, auch für diesen Prozess die Frage nach den „Basics" zu stellen und zwar unter zwei Aspekten:

1. Wie erreichen wir die bestmögliche Besetzung offener Stellen?
2. Wie erreichen wir dies mit effektiven und effizienten Ressourceneinsatz im Personalbereich und bei den verantwortlichen Führungskräften?

---

[2] Beispiel von ([1], S. 208 f.).

Detailliertes Stellen- und Anforderungsprofil als MUSS Eine bestmögliche Entscheidung über eine Positionsbesetzung verlangt, dass es eine (möglichst) hohe Deckungsgleichheit zwischen den Stellenanforderungen und den Fähigkeiten (Skills, Erfahrung, Verhalten) des neuen Positionsinhabers gibt. Ein solcher Abgleich zwischen SOLL (Stellenanforderungen) und IST (Fähigkeiten des Kandidaten) setzt also zunächst das Vorhandensein klar definierter Soll-Anforderungen für die betreffende Stelle voraus. Denn nur dann ist es möglich, das Ist-Profil und gegebenenfalls Potenzial eines Bewerbers damit abgleichen.

▶   Ein detailliertes schriftliches Stellen- und Anforderungsprofil ist Pflicht!

Ein **detailliertes Stellen- und Anforderungsprofil** hat aus meiner Sicht im Zweifel mindestens die folgenden drei Elemente:

1. Einordnung der Stelle in die Unternehmensorganisation (Einheit, Beziehungen zu internen und externen Stellen, Vorgesetzter, Vertretungsregelung, Kompetenzen und Vollmachten etc.)
2. Beschreibung der Aufgabe (bei Führungskräften auch, für welche MA die Verantwortung übernommen wird) und idealerweise des Aufgabenerfolgs/-ziels; gegebenenfalls Beschreibung besonderer Belastungen, die mit der Aufgabe verbunden sind (z. B. durch Reisen, Nach- oder Wochenendarbeit etc.)
3. Benennung der notwendigen Ideal- und gegebenenfalls Mindest-Anforderungen an Ausbildung (z. B. Universitätsabschlüssen, Zertifikaten),fachliche Kompetenzen (gegebenenfalls auch methodische und führungstechnische) sowie soziale bzw. kommunikative Fähigkeiten (im Zweifel Benennen des gewünschten beobachtbaren Verhaltens)

Darüber hinaus kann es empfehlenswert sein, dass der standardmäßige Einarbeitungs- bzw. Onboarding-Prozess für die Stelle festgelegt ist. Im Einzelfall kann es aber durchaus Sinn machen, davon abzuweichen, insbesondere mit Blick auf die Besonderheiten des einzelnen neuen Mitarbeiters, insbesondere seinem Vorwissen.

Stellenausschreibung: im Zweifel intern und extern Eine Stelle sollte im Zweifel nicht nur extern ausgeschrieben werden, sondern zuerst oder zumindest gleichzeitig auch intern.

Die interne Ausschreibung ist aus zwei Gründen wichtig. Zum einen dient sie als Signal, dass es Karrieremöglichkeiten innerhalb des Unternehmens gibt. Zum anderen schöpft sie das interne Bewerberpotenzial aus, was schon deshalb wichtig ist, weil **interne Bewerber besser einschätzbar sind und im Zweifel schneller produktiv werden als externe.** Sie kennen ja schon die Organisation und ihre Spielregeln.

Ja aber, wird der eine oder andere sagen, interne Bewerber haben gegenüber externen den Nachteil, dass ihnen der frische Blick fehlt und dass sie keine Erfahrungen aus anderen Organisationen einbringen können!? Meine Replik ist, das ist eine Vermutung, die genauso gut fehlgehen kann. Etwa bezogen auf Mitarbeiter, die erst ein paar Jahre dabei sind und aus Tätigkeiten in anderen Organisationen Erfahrungen einbringen könnten. Oder bezogen auf Mitarbeiter, die aufgrund herausragender analytischer Fähigkeiten einen „frischen Blick" behalten haben, oder die aus ehrenamtlicher oder Freizeittätigkeit neuen Input einbringen können.

Interne und externe Ausschreibung können im Zweifel parallel erfolgen. Die Vorgehensweise sollte insoweit immer mit einem vorhandenen Betriebsrat abgestimmt sein!

Letztlich geht es immer um eine gute Besetzung offener Positionen, nicht irgendeine Besetzung. Daher sollten externe Bewerber dann den Vorrang bekommen, wenn sie merklich besser das Stellenprofil erfüllen als interne Bewerber, jedenfalls wenn zu erwarten ist, dass sich dies auf das Ergebnis auswirkt.

Kein wesentlicher Vorteil eines externen Bewerbers gegenüber einem internen liegt dann vor, wenn der interne Bewerber schon die geforderte Erfahrung in ausreichendem Umfang für die Aufgabe mitbringt, der externe Bewerber aber noch mehr Erfahrung hat. Wesentliche Vorteile externer Bewerber fehlen auch dann, wenn weniger die Erfahrung in der Aufgabe als die Grundfähigkeiten, die der Positionsinhaber mitbringen sollte, für den Erfolg in der entsprechenden Rolle von Bedeutung sind. Denn das bloße Erfahrungsdefizit (noch) fehlt, sollte diese bereits nach wenigen Monaten der Tätigkeit in der neuen Aufgabe zu erwarten.

Eine große Gefahr bei der Einbeziehung interner Bewerbungen liegt in dem „Egoismus" deren bisheriger Führungskraft. Bei der Entscheidung über die Neubesetzung wird damit nicht die Eignung von externen und internen Kandidaten gegeneinander abgewogen, sondern aufseiten der internen Kandidaten die Notwendigkeit und gegebenenfalls Schwierigkeit der Neubesetzung von deren bisheriger Position als „Eignungsminderung" berücksichtigt. Das ist ein riskantes Spiel. Ich habe mehr als einmal in der Praxis erlebt, dass sich dann diese internen Bewerber auf entsprechende Stellen in anderen Unternehmen bewarben. Das Ausgangsunternehmen hatte dann doppelt verloren.

Internen oder externen Bewerbern den Vorzug geben?
- Externe Bewerber sind nicht per se besser, innovativer oder mit frischerem Blick ausgestattet als interne. Daher Stellen immer auch intern ausschreiben!
- Interne Bewerber mit einem „freien und objektiven Blick" auf die Anforderungen der neuen Aufgabe bewerten und die Notwendigkeit der Neubesetzung der bisherigen Position im Zweifel unberücksichtigt lassen!
- Internen Bewerbungen den Vorzug geben, wenn externe Bewerber nicht wesentliche und nachhaltig zu erwartende Vorteile aufweisen!

Soll-/Ist-Abgleich unter Anwendung verschiedener analytischer Methoden Die Eignung von Kandidaten bezogen auf die formalen Anforderungen für eine konkrete Position sowie zu fachlichen Kompetenzen lässt sich zumeist mit den Informationen zur Vita (Ausbildung, bisherige berufliche Stationen etc.) beurteilen, gegebenenfalls ergänzt durch ein strukturiertes (**Telefon-)Interview**. Deutlich schwieriger ist es dagegen, die sozialen und Führungskompetenzen von Kandidaten abzuschätzen. Nach meiner langjährigen Erfahrung sind diese nicht wirklich verlässlich in einem ein- bis zweistündigen Interview sowie aus früheren Beurteilungen abzulesen.

Eine recht zuverlässige Einschätzung kann aber über ein mindestens halbtägiges, strukturiertes **Einzel-Assessment** des Bewerbers erreicht werden, bei dem mehrere Beobachter (z. B. der Berater, der das Assessment leitet, der zuständige Mitarbeiter der Personalentwicklung, die künftige Führungskraft und gegebenenfalls andere Stakeholder an der Position) das Verhalten des Bewerbers bei verschiedenen Übungen beobachten können, die auf bestimmte, für die Position wichtige Verhaltenskompetenzen abzielen. Aus eigener Erfahrung kann ich sagen, dass selbst eine Anforderung wie „geistige Flexibilität" in beobachtbares Verhalten übersetzt werden kann.

Vor allem größere Unternehmen nutzen zunehmend **analytische Einstellungstests**, zum Teil auch in Form von Online-Tests. Stand früher überwiegend eine Einschätzung der Intelligenz, Leistungsfähigkeit oder des vorhandenen Wissens im Vordergrund, so wird heute vorwiegend im Rahmen sogenannter Persönlichkeitstests mittels psychologischer Testverfahren versucht, Rückschlüsse auf Persönlichkeitseigenschaften und damit zu erwartende Verhaltensweisen von Bewerbern zu ziehen. Eine detaillierte Darstellung und Diskussion der verschiedenen psychologischen Testverfahren, von graphologischen Gutachten bis hin zu psychometrischen Persönlichkeitstests, sind im Rahmen dieses Buches nicht möglich. Wichtig erscheint mir der Hinweis, dass solche Tests und insbesondere online durchgeführte Tests manipulierbar sind. Viele Tests sind zudem nicht wissenschaftlich validiert und enthalten gegebenenfalls sogar rechtlich unzulässige Fragen. Ein gewisser Qualitätsabgleich ist dadurch erreichbar, dass ein Abgleich mit den Kriterien der einschlägigen DIN-Richtlinien zu den Anforderungen an Verfahren und deren Einsatz bei berufsbezogenen Eignungsbeurteilungen (DIN 33430) vorgenommen wird.

Ein weiterer, gegebenenfalls ergänzender Weg, um zu Erkenntnissen über das Verhalten eines Kandidaten zu kommen, besteht im **Einholen von Referenzen.** Aber Vorsicht, zum einen kann beim aktuellen Arbeitgeber nicht ohne vorherige Zustimmung des Kandidaten nachgefragt zu werden. Zum anderen haben frühere Vorgesetzte oft kein Interesse an detaillierten Antworten sowie daran, sich mit kritischen Anmerkungen gegebenenfalls Ärger durch den früheren Mitarbeiter einzuhandeln. Sinn macht ein Gespräch mit früheren Führungskräften vor allem dann, wenn eine gezielte Befragung möglich ist, wie der Kandidat in der Vergangenheit in bestimmten Situationen reagiert hat. Natürlich sollten dabei ausschließlich offene Fragen gestellt und sollte nicht mit geschlossenen Fragen lediglich die „gewünschte Antwort" vom Befragten produziert werden.

Ganz allgemein ist zu sagen, dass die **Kombination verschiedener analytischer Methoden** (biografische Datenanalyse, strukturierte Interviews, Persönlichkeits- und Leistungstest, Assessment-Center mit Situationssimulation etc.) die Validität der Eignungseinschätzung erhöht. Aufgrund des gegebenenfalls erheblichen Aufwandes von Interviews und Assessment-Center ist es ratsam, eine effektive Vorfilterung der gegebenenfalls zahlreichen Bewerber vorzunehmen bzw. durch den HR-Bereich vornehmen zu lassen.

Gute Vorauswahl vor zeitintensiven Vorstellungsgesprächen Einstellungsprozesse kosten viel Zeit und Energie, Zeit von Mitarbeitern des Personal-/HR-Bereichs und Zeit von betroffenen Führungskräften und gegebenenfalls künftigen Kollegen im Bereich, in dem der Mitarbeiter eingesetzt werden soll. Das macht es notwendig, diesen Prozess möglichst effektiv ablaufen zu lassen.

Vorliegende Bewerbungen sollten im Vorfeld daraufhin geprüft werden, ob sie (weitgehend) dem Stellenprofil entsprechen.

Sofern das unklar ist, sollte der Bewerber *nicht* zu einem Vorstellungsgespräch eingeladen werden, jedenfalls nicht, wenn es andere, von der „Papierform" her geeignete Bewerber gibt bzw. die Chance auf solche Bewerber noch besteht.

Um eine unnötige Zeit- und Energie-Investition zu vermeiden, empfiehlt es sich auch nicht, Bewerber zum Vorstellungsgespräch einzuladen, wenn (noch) wesentliche Unklarheiten oder Lücken in ihrem Lebenslauf vorhanden sind, oder wenn ein ungutes Bauchgefühl nach dem Lesen des Lebenslaufs besteht.

Ein Vorstellungsgespräch ist ein Investment, welches inklusive Vorbereitungs- und Nachbereitungszeit schnell vier bis acht Stunden pro Kandidat in Anspruch nimmt (bei angenommenen zwei mit der Bewerbung befassten Personen, z. B. der Führungskraft und einem HR-Mitarbeiter). Das lässt es ratsam erscheinen, nur grundsätzlich geeignete Bewerber in überschaubarer Zahl einzuladen und dann für diese ausreichend Zeit für ein möglichst gutes Kennenlernen zu haben, statt im Halbstunden- oder Stundentakt viele Kandidaten „durchzupeitschen". **Weniger ist mehr!**

Bei Unklarheiten oder Lücken im Lebenslauf ist es erfahrungsgemäß eine sehr effiziente Vorgehensweise, wenn der HR-Bereich zunächst ein *telefonisches Interview* mit dem Bewerber vereinbart und darin eine Klärung aller bestehenden Fragen zu Profil und Lebenslauf herbeiführt. Nach meinen Erfahrungen wird durch ein telefonisches Interview in mehr als 80 % der Fälle der Eindruck vom Bewerber so vervollständigt, dass eine eindeutige Entscheidung möglich ist, ob er in den engeren Bewerbertopf gehört oder nicht.

Im Zweifel . . . erst telefonische Interviews mit Kandidaten zur Klärung offener Fragen bzw. zum Beseitigen eines unguten Bauchgefühls durchführen und (noch) nicht zu einem zeitintensiven Vorstellungsgespräch einladen!

Bei Fragen/Unklarheiten zum Profil

• erst telefonisches Interview,
• dann Absage oder Einladung zum Vorstellungsgespräch.

4.3 Onboarding-Prozess: Tipps zur Einarbeitungs- und Probezeit

Onboarding ist kein Ein-Tages-Event, sondern ein Prozess, der mit der Ein-stellungsentscheidung beginnt und frühestens am Ende der Probezeit endet! Ob Auswahl und Onboarding erfolgreich waren, zeigt sich aber erst später, nämlich wenn der betreffende Mitarbeiter oder die betreffende Führungskraft nach zwei Jahren noch da ist und Erfolg in der neuen Aufgabe hat.

Bedeutung des Onboardings Ein Ausscheiden in der Einarbeitungs- und Probe-zeit oder innerhalb von zwei Jahren nach dem Eintritt signalisiert im Zweifel, dass ein neuer Mitarbeiter letztlich nicht erfolgreich an Bord genommen wurde (oder die Auswahl fehlerhaft war). Der betreffende Mitarbeiter ist in diesem Fall kein langfristiges Teammitglied geworden. Die mit seiner Einstellung verbundene Inve-stition hat sich nicht in dem erwarteten Umfang rentiert oder – präziser gesagt – führt zu einem finanziellen Schaden statt zu einem erwarteten Nutzen.

Alarmierend ist, dass gescheiterte Einstellungen kein Ausnahmefall sind, sondern – insbesondere bei der Einstellung von Führungs- und anderen Spitzen-kräften – häufig vorkommen. Internationale Untersuchungen (z. B. von Heidrick & Struggles) lassen den Schluss zu, dass ca. 40 % der vermittelten Führungskräfte innerhalb der ersten 18 Monate ihre Position wieder verlassen [5].

Betrachtet man die wirtschaftliche Implikation einer nicht erfolgreichen Integration neuer Mitarbeiter ins Unternehmen, dann ist zunächst die Feststellung in einer Harvard-Studie interessant, dass eine Führungskraft statistisch gesehen erst nach gut sechs Monaten den Breakeven-Punkt erreicht, wo sie für die neue Organisation mehr Nutzen erwirtschaftet als Kosten verursacht hat ([6]; [2], S. 110). Deutlich dramatischer wird das Bild jedoch, wenn man die Gesamtkosten einer misslungenen Integration betrachtet. Schätzungen gehen davon aus, dass diese schnell das elf- bis 24-Fache des Jahresgehaltes ausmachen und zum Beispiel beim Bereichsleiter eines DAX30 Unternehmens einen Schaden in Höhe von 1 bis 2 Mio. EUR verursachen ([2], S. 110 ff.). Bei diesen Dimensionen sollte klar sein, dass ein erfolgreiches Onboarding kein „Nice to have" ist, sondern ein „Must" – und zwar nicht zuletzt aus wirtschaftlichen Gründen.

Der Onboarding-Prozess (aus Unternehmenssicht) Das Onboarding neuer Mitarbeiter ist aus Unternehmenssicht ein wichtiger HR-Prozess. Wie gut dieser Prozess funktioniert, kann m. E. zumindest in zweierlei Hinsicht gemessen werden: Erstens kann gemessen werden, wie erfolgreich er ist (d. h. wie viele neu eingestellte Mitarbeiter die Probezeit erfolgreich überstehen und auch nach 24 Monaten noch in einem ungekündigten Anstellungsverhältnis stehen). Zweitens kann ermittelt und gegebenenfalls intern oder extern verglichen werden, welche Ressourcen der Prozess selbst verbraucht.

4.3.1 Evaluation des Erfolgs

Haben Sie einen Überblick darüber, wie erfolgreich Ihr Onboarding ist? Wenn nicht, empfehle ich, jedes Jahr zu betrachten, wie viele der in den letzten 24 Monaten eingestellten Mitarbeiter sich noch in einem (ungekündigten) Anstellungsverhältnis befinden und wie viele zwischenzeitlich gegangen sind.

Eine 100-prozentige Erfolgsquote ist nicht der Erwartungswert, zumal es im Einzelfall auch andere Themen als eine nicht optimale Auswahl oder Integration sein können, die verantwortlich sind für einen frühen Abgang. Ein Beispiel aus meiner eigenen Praxis ist das schnelle Ausscheiden einer weiblichen Mitarbeiterin wegen eines unerwarteten Arbeitsortwechsels ihres Mannes bzw. wegen einer ungemein attraktiveren Aufstiegschance beim alten Arbeitgeber.

Bei einer Erfolgsquote von weniger als 80 % erscheint es jedoch angebracht, selbstkritisch sowohl die Auswahl als auch das Onboarding zu betrachten.

Unabhängig von der „Erfolgsquote" ist es ratsam, bei jedem, zumindest bei jedem vom Mitarbeiter selbst veranlassten Austritt aus dem Unternehmen im

Rahmen eines sogenannten Austrittsgesprächs die wesentlichen Gründe für den Austritt zu ermitteln. Sich ein solches Feedback abzuholen, ist wichtig für Organisationen, die lernen und sich weiterentwickeln wollen. Ein gut geführtes, wertschätzendes Austrittsgespräch bleibt beim ausscheidenden Mitarbeiter als letzte Erinnerung an seinen früheren Arbeitgeber haften und prägt damit ein Stück weit, wie er darüber später denkt und redet.

4.3.2   Ressourcensparendes Onboarding

Onboarding ist – wie bei jedem anderen HR-Prozess – ressourcensparend, wenn es sich um einen standardisierten Prozess handelt und wenn damit nicht bei jeder Einstellung das „Rad" (d. h. der Ablauf des Onboardings) neu erfunden wird.

Erforderlich ist damit eine detaillierte Beschreibung des Onboarding-Prozesses mit seinen wesentlichen Bestandteilen und Verantwortlichkeiten, so dass er bei jedem neuen Bewerber reproduzierbar ist, was natürlich fortwährende Verbesserungen nicht ausschließen soll.

Prozessbeschreibung   Zu einer Prozessbeschreibung gehört, *wer* (welcher Bereich bzw. welcher Mitarbeiter in der HR-Abteilung, im Bereich, in dem der neue Mitarbeiter tätig sein wird, und gegebenenfalls andere Person im Unternehmen, wie z. B. IT-MA, für Administration bzw. Raumplanung verantwortliche Mitarbeiter, Compliance-Mitarbeiter) *was* bis *zu welchem Zeitpunkt* bezogen auf den Eintrittstermin des neuen Mitarbeiters zu tun hat.

Erfolgreich abgelaufen ist der Prozess, wenn der Mitarbeiter am Eintrittstag einen perfekt vorbereiteten Arbeitsplatz vorfindet und sich freundlich empfangen fühlt, wenn er in den ersten Tagen eine Beziehung aufgebaut hat zum Vorgesetzten, zu seinen Kollegen und gegebenenfalls internen Kunden, wenn der Mitarbeiter in wenigen Tagen eine Orientierung findet bezogen auf seine neue Aufgabe und die Unternehmenskultur, und wenn nach sechs Monaten eine (gefühlt) sichere Einschätzung von Vorgesetzten und Kollegen getroffen werden konnte, die besagt, dass er in der Lage ist, die neue Aufgabe erfolgreich zu bewältigen und zum Gelingen des Ganzen beizutragen.

Phase 1: Von der Einstellungsentscheidung bis einen Tag vor dem Eintritt   Die erste Phase des Onboardings beginnt spätestens mit der Einstellungsentscheidung. In ihr werden der Eintritt und die Einarbeitungsphase vorbereitet.

Um diese Vorbereitung zu ermöglichen, sind einige Leitfragen von Relevanz.

Leitfragen zum Onboarding

- Welche Informationen benötigt der neue Mitarbeiter vorab und ist ihm auch zumutbar, diese zu verarbeiten, um sich bestmöglich in die neue Aufgabe und das Unternehmensumfeld einfinden zu können?
- An welchen weitreichenden Entscheidungen sollte er – so er es will – schon im Vorfeld des Eintritts beteiligt werden?
- Welche Informationen werden von dem neuen Mitarbeiter benötigt, um seinen Arbeitsplatz und die für ihn notwendige technische Ausrüstung vorzubereiten?
- Wer ist in welcher Form für die Einarbeitung des neuen Mitarbeiters verantwortlich? Welche Informationen benötigt dieser Pate (z. B. eine Liste mit Themen, zu denen er dem Neuen eine Orientierung geben sollte)?
- Was ist in Bezug auf den Arbeitsplatz des Mitarbeiters, seine technische Ausstattung (Telefonnummer, Mobiltelefon, E-Mail-Account etc.) und Zugangs- bzw. IT-Berechtigungen vorzubereiten?
- Welche schriftlichen Informationen gibt es für den Neuen zu den Tools, die im Unternehmen benutzt werden, Compliance-Anforderungen etc.
- Vorbereitung des Vorgesetzten auf das Gespräch mit dem Neuen am ersten Tag. Welche Erwartungen werden an ihn gestellt in den ersten Tagen, in den ersten Monaten sowie langfristig?
- Wer ist über den Neueintritt zu informieren, wer sollte ihn an einem der ersten Tage kennenlernen?
- Gibt es mögliche Interessenkonflikte des Neuen mit vorhandenen Mitarbeitern und – wenn ja – wie können diese möglichst frühzeitig adressiert und eingedämmt werden?

Es macht Sinn, für die Vorbereitung des Eintritts einen schriftlichen Masterplan zu entwickeln, der für die konkrete Einstellung dann gegebenenfalls nur angepasst wird. Die drei wesentlichsten Elemente dieses Masterplans für das Onboarding sind die Vorbereitungsmaßnahmen für einen perfekt vorbereiteten Arbeitsplatz am ersten Tag, die interne und externe Kommunikation des Eintritts (Steckbrief, genauer Eintrittszeitpunkt, genaue Funktion etc.) sowie der Einarbeitungsplan (genauer Zeitplan mit allen schon feststehenden Einarbeitungsschritten) für den neuen Mitarbeiter.

Phase 2: Tag des Eintritts und gegebenenfalls Folgetage Der direkte Vorgesetzte – und nicht ein Kollege – begrüßt den neuen Mitarbeiter, zeigt ihm seinen neuen Arbeitsplatz, stellt ihn dem Paten und den anderen Kollegen vor sowie gegebenenfalls anderen relevanten Personen im Unternehmen (z. B. wichtigen internen Kunden).

Bei der Begegnung von Menschen ist der erste Eindruck ein entscheidendes, nachhaltig abgespeichertes Ereignis Entsprechendes gilt für den ersten Tag und die erste Begegnung mit dem neuen Chef und den neuen Kollegen zu Beginn der Tätigkeit für ein neues Unternehmen. Es ist ungemein wichtig, dass dieser erste Eindruck uneingeschränkt positiv verläuft.

Phase 3: Die ersten Wochen bis zum Ende der Probezeit Ziel der dritten und entscheidenden Phase des Onboarding ist es, den neuen Mitarbeiter in seiner Aufgabe möglichst schnell erfolgreich zu machen, in dem eine schnelle Integration in die Abteilung bzw. das Team erfolgt, in dem er tätig ist und wo er seine Aufgabe und die Erwartungen, die an seine Arbeit und sein Verhalten gestellt werden, schnell und vollumfänglich erfasst.

Ein weiteres Ziel kann es sein, quasi als Nebenprodukt des Einlebens in einen neue Aufgabe bzw. ein neues Unternehmen von neuen Mitarbeitern gespiegelt zu bekommen, was sie als ungewöhnlich, besonders ineffizient oder gegebenenfalls auch besonders gelungen bezogen auf ihr konkretes Arbeitsumfeld, Prozesse und Aufgabenerledigung und das Unternehmen im Allgemeinen wahrnehmen. Neue Mitarbeiter sind noch nicht betriebsblind. Ihre Wahrnehmung kann damit helfen, Ansätze für Verbesserungen zu finden oder mehr Beachtung für positive Beobachtungen zu erreichen.

Um diese Ziele zu erreichen, hat es sich bewährt, neben dem direkten Vorgesetzten einen Kollegen damit zu betrauen, sich als **Einarbeitungs-Pate** für eine schnelle und effektive Einarbeitung des Neuen verantwortlich zu fühlen. Ein Pate kann insbesondere helfen, nicht nur die formellen, sondern auch die ungeschriebenen Regeln von Organisation schnell kennenzulernen.

▶ **Aber Achtung** Es geht bei einer solchen Patenschaft für einen neuen Mitarbeiter nicht um eine kleine Bitte des Vorgesetzten „zwischen Tür und Angel" (so nach dem Motto: „Ach, Herr Müller, seien Sie doch so nett und kümmern sich etwas um den Neuen!"), sondern um die Patenschaft für eine wesentliche Investition der Firma. Die Einarbeitung ist nämlich nichts anderes als eine Investition in einen neuen Mitarbeiter, je nach Gehaltsklasse und Verantwortungsbereich eine typischerweise mindestens fünfstellige, häufig aber auch sechs-oder siebenstellige Investition.

Damit ist auch klar, dass die Einarbeitung eines neuen Mitarbeiters für den Paten eine Aufgabe ist, für die er die notwendige Zeit eingeräumt bekommen sollte, die für ihn einen hohen Stellenwert im betreffenden Jahr hat (Zielvereinbarung hierzu) und die im Erfolgsfall – wie jede andere Arbeitsleistung – der vollen, expliziten Anerkennung des Vorgesetzten bedarf.

Der Vorgesetzte sollte in den ersten Wochen häufiger Gespräche mit dem neuen Mitarbeiter führen, um sich zu vergewissern, dass seine Einarbeitung planmäßig verläuft, er sich wohlfühlt und um seine Wahrnehmungen aus den ersten Wochen einzufangen.

Der neue Mitarbeiter sollte von Anfang an ermutigt werden, alles, was er nicht versteht oder einordnen kann, zu hinterfragen. Viele Fragen eines neuen Mitarbeiters sollten ausdrücklich erwünscht sein. Wenige Fragen sind eher ein Alarmzeichen!

4.3.3   Sinn und Unsinn von Einführungsveranstaltungen

Mit der etwas provokativen Überschrift soll Aufmerksamkeit dafür erreicht werden, dass Einführungsveranstaltungen für eine Vielzahl von Neueinsteigern **nicht per se sinnvoll** sind.

Ja, in größeren Unternehmen finden üblicherweise bereits am ersten Arbeitstag bzw. den ersten Arbeitstagen derartige Orientierungsseminare für alle neu eingetretenen Mitarbeiter statt. Meine Erfahrung mit solchen Veranstaltungen ist jedoch, dass auch hier ein Fokus gefragt ist.

Auf der einen Seite spricht aus Effektivitätsgründen viel für eine gemeinsam organisierte Betriebsbesichtigung, ein gegenseitiges Kennenlernen von Neueinsteigern (sprich den Aufbau eines ersten wichtigen Netzwerkes im Unternehmen) und zentrale Informationen zu den wichtigsten Regeln und Strukturen eines neuen Unternehmens.

Auf der anderen Seite ist die Aufnahmefähigkeit von Menschen nun mal begrenzt. Insbesondere solche Informationen, zu denen noch eine Anwendung fehlt, sind schwer mit „dem Trichter" in die Köpfe neuer Mitarbeiter zu befördern, zumal sehr viele neue Informationen und Eindrücke hier miteinander konkurrieren.

Sage es mir, und ich werde es vergessen.
Zeige es mir, und ich werde es vielleicht behalten.
Lass es mich tun, und ich werde es können.
Konfuzius (551–479 v. Chr.),
chinesischer Philosoph und Begründer des Konfuzianismus

Es macht daher mehr Sinn, die verschiedenen Informationen zu portionieren und gegebenenfalls über mehrere Wochen oder gar Monate zu strecken. Dieser Ansatz ermöglicht die Anwendung und damit wirkliche Verankerung neuen Wissens.

4.3.4   Bei Zweifeln ... keine Übernahme in ein unbefristetes Arbeitsverhältnis

Die enge Begleitung neuer Mitarbeiter in der Einarbeitungs- und Probezeit ist – wie dargestellt – wichtig. Sechs Monate reichen in aller Regel völlig aus, um im Rahmen einer intensiv begleiteten Einarbeitung die fachlichen Kompetenzen und das Verhalten eines Mitarbeiters (z. B. seine Teamfähigkeit, seine Flexibilität, seine Stresstoleranz und Resilienz) beurteilen zu können.

Wenn trotz enger Begleitung und guter Anleitung und Betreuung erhebliche Zweifel an der Eignung bestehen bleiben, ist mein Rat: Unter Risiko-Chancen-Aspekten sollten Sie eine schnelle und saubere Trennung herbeiführen. Warten Sie nicht weiter auf eine wesentliche Verhaltensveränderung; denn diese tritt, so meine Erfahrung aus mehr als 20 Jahren als Führungskraft, praktisch nie ein. Eine spätere Trennung, also eine Trennung nach Ablauf der Probezeit, ist jedoch schwierig und in jedem Fall sehr viel teurer. Zudem ist der „Kollateralschaden" durch eine negative Beeinflussung der Leistung bzw. Motivation anderer Mitarbeiter ungleich höher.

Dem direkten Vorgesetzten und nicht, wie leider vielfach üblich, dem Personalbereich die Verantwortung für die Weiterbeschäftigung nach dem Ende der Einarbeitungs- und Probezeit zu übertragen, wirkt ungeheuer „hygienisch". Dabei unterstelle ich, dass die Führungskraft nicht kurz vor Ende der Probezeit davon überrascht wird, dass sie insoweit in der Verantwortung steht, sondern dies vom Beginn des Onboarding-Prozesses an weiß.

▶ **Wichtiger Tipp: Führungskraft in die Verantwortung nehmen** Der zuständige Vorgesetzte sollte als Bedingung für die Übernahme eines neuen Mitarbeiters in ein unbefristetes Arbeitsverhältnis bestätigen, dass er sich davon überzeugt hat, dass der neue Mitarbeiter voraussichtlich in der Lage ist, die an ihn gestellten Anforderungen zu erfüllen.

Meine Erfahrung ist, dass eine klare Verantwortung für den Erfolg der Einarbeitung und die Entscheidung über den Verbleib am Ende die Chance deutlich erhöht, dass Führungskräfte die sechsmonatige Einarbeitungs- und Probezeit zielgerichtet begleiten. Es vermindert sich damit die Gefahr, dass die ersten sechs Monate so dahinplätschern und am Ende unklar ist, ob der neu eingestellte Mitarbeiter geeignet ist für seine Aufgabe oder nicht.

Die Führungskraft muss und kann die Begleitung der Einarbeitung natürlich nicht immer persönlich vornehmen, ist aber auch dann in der Verantwortung, wenn sie die Einarbeitung ins Team bzw. an andere delegiert.

Eine aktiv von der Führungskraft begleitete Einarbeitung führt zugleich zu „Produktivitätsgewinnen", indem neue Mitarbeiter schneller produktiv werden bzw. das Dienstverhältnis mit unproduktiven Mitarbeitern schneller beendet wird.

4.4   Zielvereinbarungen, regel- sowie anlassbezogene Kommunikation zwischen Führungskräften und Mitarbeitern

Ein sehr wichtiges Führungsinstrument besteht in Mitarbeitergesprächen. In ihnen werden von Führungskraft und Mitarbeiter regelmäßig (z. B. jährliche Zielvereinbarungs-, Beurteilungs- und Fördergespräche) oder anlassbezogen (z. B. Kritikgespräch) Inhalte, die Leistung bzw. der Arbeitsbeitrag des Mitarbeiters und das Zusammenwirken im Team und im Unternehmen im Gesamten besprochen.

4.4.1   Wichtige Grundregeln für Mitarbeitergespräche, um deren volles Potenzial zu erschließen

Mitarbeitergespräche kosten Zeit und Energie, für die Vorbereitung und Durchführung. Sie sparen aber erfahrungsgemäß durch die in ihnen mögliche Klärung von Aufgaben, Rollen, Beziehungen, Konflikten etc. langfristig noch mehr Zeit und Energie. Nämlich Ressourcen, die ohne die Gespräche aufgrund nicht zielorientierten Arbeitens, aufgrund von Konflikten etc. verbraucht worden wären.

> Mitarbeitergespräche erfordern kurzfristig eine Zeitinvestitionsie bewirken aber mittel- und langfristig eine deutlich höhere Zeitersparnis!
> (Credo des Verfassers)

Die Effizienz und Effektivität von Mitarbeitergesprächen hängt erfahrungsgemäß davon ab, wie sie vorbereitet und durchgeführt werden. Von Bedeutung ist zum einen die Vorgehensweise bzw. Struktur von Vorbereitung und Durchführung von Mitarbeitergesprächen und zum anderen das von beiden Seiten gezeigte Verhalten.

4.4.2   Blaupause für Führungskräfte zur Vorbereitung und Durchführung guter Mitarbeitergespräche (Tab. 4.2)

Regelmäßige Mitarbeiter/Feedback-Gespräche sind ein Grundbaustein für ein enges, vertrauensvolles Verhältnis zwischen Mitarbeitern und Vorgesetzen und

Tab. 4.2 Vorbereitung und Struktur von Mitarbeitergesprächen. (Siehe dazu auch ([4], S. 139 ff.; [3], S. 141 ff.)

1. *Vorbereitung*	Welche Themen sollten im Vordergrund stehen?
	Welche Ziele sollen erreicht werden?
	Wie steht die Führungskraft zum Mitarbeiter und zum Thema (Selbstklärung auf der Beziehungsebene)?
	Welche Hindernisse/Konflikte sind zu erwarten?
2. *Rahmen*	Wann, wo, unter welchen „Umwelt"-Bedingungen soll das Gespräch stattfinden (z. B. störungsfreie Umgebung, kein Zeitdruck etc.)?
3. *Verabredung*	Ankündigung des konkreten Themas
	Nennung von geplanter Dauer, Zeit und Ort
4. *Durchführung*	Kurzer Einstieg, um Beziehung herzustellen
	Direkt auf das Thema kommen (je kritischer das Thema, umso schneller und direkter)
	Eigenen Standpunkt deutlich machen
	Hintergründe/Standpunkt des MA ergründen
	Gemeinsame Lösungssuche
	Ergebnis bzw. Vereinbarung(en) festhalten (gegebenenfalls die unterschiedlichen Ansichten und wie sie zu einer Klärung geführt werden sollen)
5. *Metakommunikation*	Das Gespräch reflektieren (Sach- und Gefühlsebene), um daraus für weitere Gespräche zu lernen

sie beeinflussen die Leistung der Mitarbeiter definitiv positiv. Allerdings nur dann, wenn sie nicht als leere Hülle oder compliance-getriebene Pro-Forma-Farce daherkommen, wie leider in vielen Fällen die Praxis.

Wenn etwa das Beurteilungsgespräch in der Weise geführt wird, dass die Beteiligten – um die entsprechende Anforderung des jährlichen Beurteilungsgespräch zu erfüllen – den letztjährigen Dokumentationsbogen betrachten, nur ein bisschen ergänzen, etwas belanglosen Smalltalk betreiben und sich nach der gegenseitigen Versicherung, dass damit für die Anforderung des Personalbereichs genügend getan worden sei, auseinandergehen, hätten die Beteiligten sich dies schenken können.

▶   **Achtung: Farce-Gefahr bei der Regelkommunikation**
Ein verlässlicher „Farce-Indikator" für die Regelkommunikation in Unternehmen ist nach meiner Erfahrung, wenn das Ausfüllen eines vorgegebenen Formulars im Vordergrund steht und nicht das offene Gespräch zwischen Mitarbeiter und Führungskraft.

Über förderliches und weniger förderliches Feedback-Verhalten allein könnte man sicherlich ein eigenes Buch schreiben. Letztlich gibt es auch hier – bei allen wissenschaftlichen Systematisierungen und Nuancen der Wahrnehmung – nur wenige Grundregeln, die mehr als 80 % des Erfolgs ausmachen. Neben einer zielorientierten und effizienten Vorgehensweise sind für einen Erfolg alle Arten von Mitarbeitergesprächen, die in Abschn. 2.5.2 beschriebene Haltung („Supportive Leadership") bzw. die dort genannten förderliche Verhaltensweisen wichtig.

4.4.3   Zielfestlegungs- und Zielerreichungs-/Beurteilungsgespräche von der Vergütungsseite entkoppeln?

Es ist in der Praxis üblich und leuchtet auf den ersten Blick auch ein, die Erreichung der Ziele, die den Mitarbeitern gesetzt werden, zum Maßstab für die Höhe der variablen Vergütung zu machen. Aber, macht dies auch bei näherem Hinsehen Sinn?

Zweifel sind angebracht, ob diese übliche Praxis wirklich nachhaltig Leistung fördert. Warum, fragen Sie? Nun, weil in eben dieser Praxis zu beobachten ist, dass diese Koppelung bzw. Verwebung von Vergütung und Feedback-Instrumenten für beides kontraproduktive Effekte mit sich bringt.

▶   Das Zielvereinbarungsgespräch wird so überlagert von taktischen Überlegungen des Arbeitnehmers, möglichst niedrige Ziele zu vereinbaren, um eine möglichst hohe Chance auf viel Bonus zu erreichen. Das Beurteilungsgespräch wiederum hat als „Hidden Agenda" auf Seiten der Führungskraft nicht selten die Anforderung, mit einem bestimmten Bonus-Budget auszukommen und im Hinblick darauf bzw. auf Erwartungen zur Verteilung aller Ratings der Mitarbeiter eine bestimmte Zahl von Mitarbeitern unter den Median zu drücken, egal wie die Ergebnisse des Jahres waren. Beim Mitarbeiter geht es hier nicht um einen ehrlichen, selbstkritischen Blick zurück, sondern um Argumente für ein möglichst gutes Rating mit der Folge eines möglichst hohen Bonus.

Die beschriebenen Effekte zeigen sich jedenfalls bei solchen variablen Vergütungssystemen, bei denen zu einer bestimmten Zielerreichung ein bestimmtes Auszahlungs-/Zuteilungsziel definiert ist.

Es ist damit überlegenswert, beide Systeme, das Feedback-System und die variable Vergütung, deutlich zu entkoppeln, in jedem Fall keine rechnerische

Verbindung zu schaffen. Dann erhöht sich die Chance, dass Führungskraft und Mitarbeiter wirklich ehrgeizige Ziele vereinbaren und nachher kritisch über die Zielerreichung – und was beide dazu beigetragen oder nicht beigetragen haben – sprechen. Ist die variable Vergütung letztlich – wie hier vorgeschlagen – ausschließlich oder primär Beteiligung am Unternehmenserfolg, wird es nicht mehr als widersprüchlich und irritierend empfunden, wenn trotz Erreichens der individuellen Ziele wegen geringen Gewinns des Unternehmens weniger variable Vergütung fließt (an alle Mitarbeiter bis hin zu den Vorständen bzw. Geschäftsführenden).

4.4.4   Zielvorgaben bzw. -vereinbarungen richtig vornehmen

Nachdem ich zuvor eine Lanze dafür gebrochen habe, individuelle Zielvereinbarung und Vergütung zu entkoppeln, möchte ich aber nicht die Antwort schuldig bleiben, wie Ziele richtigerweise festgelegt werden sollten.

Zielvorgabe oder Zielvereinbarung Die Frage, ob Ziele vorgegeben oder vereinbart werden, ist nicht einfach nur eine Frage der Etikettierung. Wir sind hier vielmehr bei einer durchaus wichtigen kulturellen Frage, einer Frage, die mitentscheidend ist für den Erfolg des Zielesystems Ihres Unternehmens.

Von Zielvereinbarung sollte nur dann gesprochen werden, wenn zwischen Vorgesetztem und Mitarbeiter Ziele wirklich ausgehandelt werden. Daran fehlt es, soweit Ziele aus Unternehmenszielen abgeleitet sind und beispielsweise deckungsgleich für eine Gruppe von Mitarbeitern gelten sollen (typisch für quantitative Ziele). Hier fehlt ein individueller Entscheidungsspielraum, sowohl für den Vorgesetzten als auch den Mitarbeiter. Es sollte daher richtigerweise von Zielvorgabe gesprochen werden. Das schließt nicht aus, dass die Führungskraft mit dem Mitarbeiter klärt, ob er das Ziel versteht, sich zur Erreichung im Stande sieht etc.

Soweit auf die individuelle Arbeitssituation, auf das Verhalten oder die Entwicklung des Mitarbeiters bezogen individuelle Festlegungen erfolgen sollen, können und sollten diese – nach einem ergebnisoffenen Gespräch – vereinbart werden. Idealerweise sollten Ziele, die der Entwicklung des Mitarbeiters dienen, von ihm selbst vorgeschlagen werden.

Zielfestlegung mit einem modifizierten SMART-Modell Für die Festlegung von Zielen wird üblicherweise der sogenannte SMART-Ansatz propagiert, gegebenenfalls in modifizierter Form. SMART war ursprünglich ein Akronym für „Specific Measurable Accepted Realistic Timely" und wird in Deutschland sinngemäß übersetzt in: spezifisch, messbar, akzeptabel und terminiert.

Tab. 4.3 Wirksame Zielvereinbarungen	*Ziele eindeutig,*	Spezifischer, terminierter und somit messbarer Endzustand
	nutzbringend	Erkennbarer Nutzen für das Unternehmen, die Gesellschaft und/oder den Mitarbeiter
	und realistisch	Jedes einzelne Ziel ist – mit Anstrengung – erreichbar und die Zahl der zu verfolgenden Ziele überschaubar (= maximal 5 bis 6 Ziele gleichzeitig!)

Wirksame Ziele, d. h. solche, zu deren Erreichen sich Mitarbeiter – wie es neudeutsch heißt – „committen", verlangen aus meiner Sicht letztlich nur nach drei Eigenschaften: sie sollten eindeutig sein, einen Nutzen für das Unternehmen und/oder den Mitarbeiter beinhalten und realistisch sein (Tab. 4.3).

4.5   Die Rolle des Personalbereichs: *Dienstleister und Schutzengel*

Nachdem zuvor die Bedeutung der Führungskräfte für eine motivierende Unternehmens- und Führungskultur herausgearbeitet wurde, stellt sich als Letztes noch die Frage, welche Aufgabe und Rolle der Personalbereich bzw. HR-Bereich hat.

„Bad Practice": Delegation von Führungsaufgaben an den Personalbereich Ich habe es leider häufiger erleben müssen, dass Personalleiter oder Mitarbeiter in der Personalabteilung bzw. Personalentwicklung missbraucht wurden oder sich selbst angeboten haben, den Führungskräften des Unternehmens unangenehme Führungsaufgaben abzunehmen. Zu Beispielsfällen für eine solche „Bad Practice" in vielen Unternehmen zählen für mich vor allem Trennungsgespräche, aber auch Einstellungs- und Kritikgespräche ohne Beteiligung der direkt verantwortlichen Führungskraft.

▶   Die Führungsaufgabe ist nicht delegierbar! Auch nicht an den Personalbereich!

Natürlich darf und soll der Personalbereich Führungskräfte bei der Wahrnehmung ihrer Führungsaufgaben unterstützen. Es ist zudem sinnvoll, dass bei Einstellungs-

oder Kündigungsgesprächen vier Augen und Ohren auf Seiten des Unternehmens dabei sind.

Eine rote Linie wird aber überschritten, wenn der Stabsbereich Personal eine zentral wichtige Linienaufgabe wie die Führung der Mitarbeiter in der Linie ganz oder teilweise anstelle der eigentlich verantwortlichen Linien-Führungskräfte ausübt. Eine solche (Teil-)Delegation von Führungsaufgaben an den Personalbereich ist ein verlässlicher Indikator dafür, dass Führungskräfte und deren Vorgesetzte (!) ihre Rolle (noch) nicht voll ausfüllen (können). Zugleich sind sie ein Indikator dafür, dass der Personalbereich sein Rollenverständnis überdenken darf.

Die Verantwortung für die Mitarbeiter, neudeutsch das Humankapital des Unternehmens (das „Human Capital"), hat unzweifelhaft das Unternehmensmanagement, sprich die Geschäftsleitung und die Führungskräfte des Unternehmens.

Funktion und Aufgaben des Personalbereichs Es lassen sich sicherlich verschiedene Definitionen für die Funktion bzw. Aufgaben von Personal- bzw. Human-Capital-Bereichen in größeren Unternehmen bzw. des Personalleiters/der Personalleiterin in kleineren Unternehmungen aufstellen. Ich möchte Ihnen nachfolgend die folgende, ganz kurze Funktions- und Aufgabenbeschreibung liefern. Sie ist in jedem Fall als Referenzrahmen für diesen Bereich geeignet.

Der Personalleiter/Personalbereich/Human-Resources-Bereich hat die Funktion und Aufgabe,

- für **effiziente Personalverwaltungs- und effektive Personalführungsprozesse** zu sorgen und zu unterstützen, dass genügend qualifizierte und motivierte Mitarbeiter vorhanden sind, dass Führung durch „supportive Leadership" gekennzeichnet ist.
- **Stimme der Mitarbeiter zu** sein, d. h. sicherzustellen, dass die Arbeitnehmer-Perspektive bei allen Strategie- und Geschäftsentscheidungen ausreichend berücksichtigt wird, dass ein respektvoller Umgang praktiziert wird und sich eine konsistente, Unternehmenskultur entwickelt.
- als **Vertreter/Sprachrohr des Unternehmens** gegenüber Mitarbeitern und als Manager der **Schnittstelle zu Betriebsräten** und gegebenenfalls Gewerkschaften zu fungieren.

Der Personalbereich ist aufgrund der beiden letzten Teile seiner Rolle faktisch – wie die Führungskräfte selbst – in einer Art **Sandwich-Position.** Er ist verlängerter Arm der Unternehmensleitung und zugleich Stimme der Mitarbeiter und Führungskräfte.

Es kann in der Praxis helfen, dass die Mitarbeiter des Personalbereichs deutlich machen, welche dieser Rollen sie in einer Situation einnehmen. Es hilft auch, wenn sie sich bewusst sind, dass es in einer solchen Sandwich-Position häufig nicht möglich ist, es allen Seiten (Unternehmensleitung und Kollegen) recht zu machen, dass sie aber mithelfen können, einen guten Interessensausgleich zu erreichen.

Zur Herstellung effizienter Personalführungsprozesse gehört sicherlich auch ein Angebot an Führungskräfte, ihr Verhalten zu reflektieren, sich mit anderen Führungskräften auszutauschen. Bei unerfahreneren Führungskräften kann – abhängig von der Größe des Personal- bzw. Personalentwicklungsbereichs – gegebenenfalls auch eine interne Beratung bzw. ein Coaching zum Thema Supportive Leadership dazu gehören.

Aber Achtung: Es ist und bleibt primär die Aufgaben der höheren Führungskräfte, die ihnen anvertrauten Führungskräfte einzuladen, zu ermutigen und wenn möglich zu inspirieren, ihre Führungsaufgabe bestmöglich auszufüllen. Sie sind – neben den betroffenen Führungskräften selbst – dafür verantwortlich, dass Hindernisse für eine optimale Ausübung von Führung aus dem Weg geräumt werden, so z. B. fehlende Kompetenzen und Instrumente der Führung. Natürlich können sie dabei die Unterstützung des Personalbereichs suchen und in Anspruch nehmen. In der Verantwortung bleiben aber nur sie, die Vorgesetzten der Führungskräfte.

Ein letzter Rat ist, dass die Servicefunktion des Personalbereichs Grenzen hat und dass es wichtig ist, diese Grenzen deutlich zu machen – Mitarbeitern wie Unternehmensleitung. Wenn in einem tollen Serviceverständnis mehr und mehr Aufgaben übernommen und der Personalbereich damit verbunden auch in der Größe wächst, entwickelt sich so sukzessive eine Welle . . ., die irgendwann bricht. Wenn es dann dem Unternehmen wirtschaftlich nicht mehr so gut geht, wird beim „Overhead" der Rotstift angesetzt und am Ende entstehen bei den verbleibenden Mitarbeitern des Personalbereichs Frustration und gegebenenfalls tiefe Wunden. Sie haben es doch gut gemeint und nur die an sie gestellten Anforderungen erfüllt . . .

Literatur

1. Charvet S (2012) Wort sei Dank – Von der Anwendung und Wirkung effektiver Sprachmuster. Jungfermann, Paderborn
2. Dembkowski S (2011) Onboarding: Die ersten 100 Tage im Unternehmen. In: Füchtner S, Wegerich T (Hrsg) Das Handbuch der Personalberatung. Frankfurter Allgemeine Buch, Frankfurt a. M.
3. Gremmers U (2012) Neu als Führungskraft. Humboldt, Hannover
4. Lorenz M, Rohrschneider U (2013) Praxishandbuch Mitarbeiterführung. Haufe, Freiburg

5. Masters B (30 März 2009) Rise of a head hunter. Financial Times
6. Watkins M (2009) Die entscheidenden 90 Tage – So meistern Sie jede neue Managementaufgabe. Campus, Frankfurt
7. Wüthrich H, Osmetz D, Kaduk S (2009) Musterbrecher – Führung neu erleben. Gabler, Wiesbaden

Zeit- und Energieräuber in die Schranken weisen

5

5.1 Mehr Zeit durch effektivere E-Mail-Kommunikation

Ein Leben ohne E-Mails? Heute undenkbar. Dabei ist es keine 30 Jahre her, als diese Form der elektronischen Kommunikation noch unbekannt war. Heute, 30 Jahre später, erhalten und beantworten wir täglich E-Mails.

Die immer stärker ausufernde E-Mail-Kommunikation geht zulasten einer direkten, persönlichen Kommunikation. Die indirekte, zeitversetzte Kommunikation per E-Mail hat, wo sie andere zeitversetzte Kommunikation (d. h. vor allem Briefe) ersetzt, sicherlich ihre Vorteile. Soweit sie jedoch eine alternativ ohne Weiteres mögliche direkte Kommunikation in Form eines persönlichen Treffens, eines Telefonats oder einer Videokonferenz ersetzt, darf ihr Einsatz hinterfragt werden.

Vollends problematisch ist aus Sicht des Autors, wenn E-Mail-Kommunikation zum primären Kommunikationsweg zwischen Kollegen im gleichen Büro wird und wenn sie einhergeht mit der Erwartung, dass auf eingehende Mails jederzeit – zu jeder Tag- und Nachtzeit und an jedem Ort, im Büro, auf Dienstreise oder zu Hause – in kurzer Zeit geantwortet wird. Hier ist nicht die Rede von der ausnahmsweisen Erreichbarkeit rund um die Uhr im Rahmen eines Unternehmenskaufes oder in anderen Ausnahmesituationen, sondern von einer 7/24-Erreichbarkeit per Mail im ganzen Jahr und auch während des Urlaubs.

Ein Unternehmen tun gut daran, eine solche (Un-)Sitte nicht aufkommen zu lassen bzw. zu unterbinden, wenn sie entsteht. Denn die ungeregelte E-Mail-Kommunikation kann – wie viele Beispiele zeigen – ganz schnell der Anfang für einen Burnout-Prozess bei den betroffenen Mitarbeitern werden.

5.1.1 E-Mail-Kultur: warum?

Auf Basis einer Befragung von 180 Managern in Deutschland, Großbritannien, Dänemark und Schweden zur E-Mail-Kommunikation ermittelte das Henley

P. A. Doetsch, *Mitarbeiterführung: Fair + Erfolgreich*,
DOI 10.1007/978-3-658-04958-4_5, © Springer Fachmedien Wiesbaden 2014

Management College in seiner 2007 vorgestellten Studie, dass Büroangestellte im Durchschnitt 3,5 Jahre ihres Lebens mit unnötigen E-Mails verschwenden. Die Studie kam weiterhin zum Ergebnis, dass Manager sich seinerzeit bis zu zwei Stunden täglich (im Durchschnitt 40 min pro Tag) mit der E-Mail-Kommunikation beschäftigen. Rund 32 % aller gelesenen und gesendeten E-Mails bezeichneten die Befragten als „irrelevant" und reine Zeitfresser.

Es kann dahinstehen, ob die Befragung ausreichend aktuell oder repräsentativ ist. Meine Vermutung ist, dass die durchschnittliche Zeit, die für E-Mail-Kommunikation eingesetzt wird, heute nicht zuletzt aufgrund von Geräten wie Smartphones und mobilen Datennetzen, die überall ein „Checken" und Beantworten von E-Mails ermöglichen, viel höher ist.

Unabhängig vom individuellen Zeitaufwand für E-Mails hat es beim Lesen der vorstehenden Zusammenfassung der Ergebnisse der E-Mail-Studie aber bei vielen „geklingelt". Warum? Weil der E-Mail-Wahnsinn tagtäglich stattfindet. Ich behaupte, dass heute tagtäglich in nahezu jedem Unternehmen zu beobachten ist,

- dass das Lesen, Beantworten und Versenden von E-Mails einen erheblichen Teil der täglichen Arbeitszeit kostet,
- dass sehr viele Mails nicht relevant für den Empfänger sind,
- dass aus vielen Mails die Informationen und To-dos nur mit viel Zeit und Energie zu extrahieren sind,
- dass durch E-Mails das persönliche Gespräch am Telefon und unter vier Augen zunehmend ersetzt wird,
- dass die E-Mail-Flut bis in die Freizeit hinein geht und immer weniger Zeit vorhanden ist, in der keine E-Mails beantwortet werden.

Zu der Zeit, die das Lesen, Schreiben bzw. Beantworten von E-Mails täglich kostet, kommen gegebenenfalls noch weitere Aufwände, insbesondere in Form von verlängerten Bearbeitungszeiten der durch Mails unterbrochenen Tätigkeiten. Wer eine Aufgabe unterbricht, um Mails zu lesen oder zu beantworten, der braucht wieder Zeit, um danach an der Stelle weitermachen zu können, wo er vorher war. Diese „geistigen Rüstzeiten" kommen in vielen Fällen, nämlich wenn Menschen immer „on" sind, noch auf den Aufwand für die E-Mail-Kommunikation selbst oben drauf.

Kollateralschaden: vermehrte „geistige Rüstzeiten" An kaum einer Stelle in diesem Buch ist die Aussage „**weniger ist mehr**" richtiger als beim Thema E-Mail-Kommunikation. 50, 100, 200 oder noch mehr Mails am Tag sind für viele Mitarbeiter der ganz normale Wahnsinn.

Es gibt bei dieser Situation nur zwei Möglichkeiten: mit offenen Augen weiter in Richtung Abgrund laufen oder zu einer E-Mail-Kultur finden, die die Vorteile von E-Mails nutzt, zugleich aber ihre Gefahren eindämmt. E-Mail-Kultur ist wesentlicher Teil der Unternehmenskultur.

5.1.2   E-Mail-Kultur: Beachtung weniger Grundprinzipien bringt großen Nutzen

Letztlich kann durch Beachtung weniger, zumeist trivialer Verhaltensregeln der Aufwand für die E-Mail-Kommunikation drastisch reduziert und zugleich ein Stück Entschleunigung im Büroalltag erreicht werden.

(1) E-Mails: nicht geeignet bei Konflikten und für Entscheidungsprozesse E-Mails eignen sich nicht für das Austragen von Konflikten und auch nicht für die Durchführung von Entscheidungsprozessen! Hier sind persönliche Gespräche – gegebenenfalls auch per Telefonat bzw. Telefon- oder Videokonferenz – ein weitaus effektiveres Kommunikationsmedium.

Konflikte werden – so meine langjährige Erfahrung in verschiedenen Unternehmen – mit E-Mails erfahrungsgemäß genauso wenig gelöst wie früher mit Briefen, sondern im Gegenteil eskalieren meist, dabei wird zudem die Zahl der vom Konflikt Betroffenen erweitert und werden Personen in den Konflikt einbezogen, die vorher nicht betroffen waren und auch nicht betroffen sein wollen. Eine definitiv nicht erfolgreiche Strategie, um Konflikte in einem möglichst frühen Stadium zu lösen.

Bei Entscheidungsprozessen kommt es darauf an, dass alle Entscheider alle Informationen zur Verfügung haben und Pro- und Gegenargumente gegeneinander abwägen können. Hierfür eignet sich eine synchrone Form der Kommunikation wie ein Meeting, Chat oder eine Telefon- oder Videokonferenz deutlich besser als asynchrone Kommunikation wie E-Mail, Brief oder Fax.

(2) E-Mail-Sichtung und -Beantwortung mit strukturiertem Prozess Die Bearbeitung von E-Mails ist angesichts des erheblichen Zeitaufwandes ein wichtiger Geschäftsprozess, gleich ob es sich um interne oder externe Mails handelt

Eingehende E-Mails sollten geöffnet werden, um sie zu bearbeiten, d. h. um sie sofort zu beantworten, sofort zu löschen (soweit zulässig, sonst in ein unstrukturiertes Archiv befördern) oder so strukturiert zu archivieren, dass sie zur späteren Beantwortung oder zum späteren Nachlesen wieder auffindbar sind. Wenn dafür keine Zeit ist, sollte wenn möglich das Lesen auf einen späteren Zeitpunkt verschoben werden.

Ein Vorteil des Sichtens und Öffnens von Mails ausschließlich zur Bearbeitung ist, dass damit das ungute Gefühl aus geöffneten, aber unerledigten und gegebenenfalls später vergessenen E-Mails nicht entstehen kann. Zudem wird Zeit eingespart.

(3) Alles zu seiner Zeit. . . auch die E-Mail-Kommunikation Ein großer Treiber für mehr Effizienz bei der Arbeit besteht darin, *unterbrechungsfreies Arbeiten zu ermöglichen.* Im Zusammenhang mit E-Mail-Kommunikation ist das erreichbar, wenn a) die automatischen optischen, sensorischen oder auditiven Benachrichtigungen über den Eingang von Nachrichten abgestellt werden und b) die Beantwortung von Mails nicht über den ganzen Tag verteilt erfolgt, sondern konzentriert in dafür reservierten Zeitfenstern (zwei oder drei am Tag reichen aus).

Nachts und am Wochenende sollten in der Regel (Ausnahmen werden immer möglich sein, sollten aber Ausnahmen sein) keine Mails initiiert oder beantwortet werden. *E-Mail-Kommunikation rund um die Uhr ist in hohem Maße ungesund* und zudem beziehungsfeindlich.

(4) Empfänger-Orientierung beachten (aussagekräftige Betreffzeile, Form etc.) Bei der E-Mail-Kommunikation dürfen die allgemeinen Kommunikationsregeln beachtet werden. Sie legen insbesondere eine *empfängergerechte E-Mail-Kommunikation* nahe.

Zu einer empfängergerechten E-Mail-Kommunikation gehört,

*   dass bereits aus der Betreff-Zeile hervorgeht, worum es geht (Einladung, Information etc.), ob eine Aktion gefordert ist und – wenn ja – bis wann, und wie wichtig der Vorgang ist (Priorität).
*   dass grundsätzlich für jedes separate Thema eine separate Mail geschrieben wird, um die Beantwortung zu erleichtern, insbesondere wenn die Reaktion auf alle Fragen bzw. Themen nicht zwingend gleichzeitig erfolgen kann.
*   dass E-Mail-Ketten vermieden werden und im Zweifel der Inhalt einer E-Mail, auf die Sie sich mit Ihrer Mail beziehen, von Ihnen kurz selbst zusammengefasst oder auszugsweise wiedergeben (hineinkopiert) wird.
*   dass bei der Beantwortung und (notwendigen) Weiterleitung von Mails Ihre Kommentare direkt unter dem Betreff eingefügt werden und nicht am Ende der Mail
*   dass der Text durch Schriftgröße, Schriftart (Groß- und Kleinschreibung statt nur Kleinschreibung) und Schriftstil (kurz und prägnant, jedoch keine bzw. wenig Abkürzungen;) eine leichte Aufnahme des Mail-Inhalts ermöglicht.

- dass eine aussagefähige Signatur vorhanden ist, damit der Absender bekannt ist (wichtig insbesondere bei E-Mails an externe Stellen).
- dass beigefügte Anhänge notwendig sind und in einem Format, das lesbar ist (vollständig formatiert, insbesondere bei Excel-Anhängen, weil sonst jeder Empfänger vor dem Ausdruck das Dokument bzw. den Druckbereich formatieren muss) und aufgrund seiner Größe keine langen Ladezeiten erfordert; bei internen Mails sind Links zu einmalig abgelegten Dokumenten der Versendung von Anhängen an viele Absender vorzuziehen.

(5) E-Mails auf das notwendige Maß begrenzen, insbesondere durch selektive Verteiler E-Mails versenden kostet nichts! Das ist auch der Grund, warum so viele gedankenlos versendet werden, von Zimmer zu Zimmer auf der gleichen Etage, zehn an einem Tag an den gleichen Empfänger, im cc und bcc mit 20 anderen Empfängern.

Sie können das E-Mail-Pingpong für sich selbst reduzieren und anderen unnötigen Aufwand für die Sichtung des E-Mail-Mülls aus Ihrem Account ersparen, wenn sie so wenig wie möglich E-Mails verschicken und zwar an so wenig Empfänger wie notwendig.

Die Funktionalität „E-Mail an alle" sollte im Zweifel nicht allgemein zur Verfügung stehen und – wenn sie das tut – nicht genutzt werden, außer vom Chef, der HR- oder IT-Abteilung für wichtige zeitkritische Informationen. Für nicht zeitkritische bieten sich Intranet und schwarzes Brett an.

E-Mails-Verteiler werden, was häufig übersehen wird, dazu genutzt, Berichtslinien bewusst oder unbewusst zu umgehen. Wird der Vorgesetzte des Vorgesetzten einkopiert oder ein anderer Mitarbeiter des Vorgesetzten, dann wirkt das faktisch wie eine Informations-Eskalation. Obere Führungskräfte sollten sich daher die Frage stellen, ob und wie sie reagieren, wenn sie so von Konflikten oder Problemen ihrer Mitarbeiter mit deren Mitarbeiter Kenntnis erhalten. Sie sollten sich gegebenenfalls auch überlegen, ob sie die Versendung der Mail als das ansehen, was es sein kann, ein illoyales Verhalten bzw. der Versuch, den eigenen Chef zu umgehen.

(6) Das Marketing-Potenzial durch Mails besser nutzen Mails an externe Stellen können dazu genutzt werden, für eigene Produkte oder Dienstleistungen (auch Veranstaltungen) zu werben, indem beispielsweise am Ende ein Link zu aktuell interessanten Produkten und Dienstleistungen eingefügt wird.

Aufmerksamkeit erreicht man aber nur, wenn dieser Link wirklich ein aktuelles, dann auch wechselndes Thema zum Inhalt hat.

(7) Datenschutz beachten Im Internet und insbesondere bei unverschlüsselten E-Mails gibt es keine Gewähr für Datenschutz. Aus diesem Grunde sollten

Geschäftsgeheimnisse und sensible personenbezogene Daten möglichst nicht in einer E-Mail enthalten sein. Für den Austausch letzterer bieten sich eher sichere Portale an, in die solche Daten eingestellt werden.

Soweit eine E-Mail unvermeidlich ist und sei es, dass sie der schnellste und einfachste Weg des Transports der entsprechenden sensiblen Information ist, sollte als Mindest-Sicherheitsmaßnahme die Information in einem verschlüsselten bzw. kennwortgeschützten Dokument als Anhang zur Mail versendet werden. Der Schlüssel bzw. das Kennwort sollten getrennt möglichst über einen anderen Informationskanal (z. B. als SMS) übermittelt werden.

Nicht in eine E-Mail gehören auch Verdächtigungen oder möglicherweise als beleidigend empfundene Aussagen über Dritte (über den Empfänger sowieso nicht). Sie können nämlich nicht kontrollieren, welchen Weg Ihre Mail nimmt.

(8) E-Mail-Stil und -Kultur im Übrigen Formelle oder informelle Anrede bei E-Mails oder gar keine? Dies ist eine Geschmacksfrage, die nicht zwingend einheitlich beantwortet oder gar geregelt werden muss. Ein Orientierungspunkt ist aber sicherlich, wie Sie der entsprechende Empfänger in früheren Mails angesprochen hat.

Zu den „Geschmacksfragen" gehört m. E. auch die Verwendung von Emoticons wie;-) Ich selbst finde sie hilfreich, um gegenüber Freunden und Bekannten schnell ein aktuelles Gefühl zu transportieren.

Klar ist aber, für das Siezen oder Duzen gilt im Rahmen der E-Mail-Kommunikation nichts anderes als für andere Formen der Kommunikation. Wenn es nicht fester Bestandteil der Unternehmenskultur ist, dass alle sich duzen, sollten Sie bei einer E-Mail nur den duzen, der auch Sie duzt bzw. der Ihnen das Du vorher angeboten hat.

Das andere Extrem, jegliche Anrede wegzulassen, sollte allerdings zweiten und dritten Sendungen in mehrfach hin- und herfliegenden E-Mail-Dialogen zwischen guten Bekannten, engen Mitarbeitern etc. vorbehalten bleiben.

Und schließlich ist da noch die Frage, bis wann eine Mail von Ihnen beantwortet werden sollte. Die Antwort darauf kann nur lauten: Es kommt darauf an, wie schnell aus Sicht des Senders eine Antwort erwartet werden kann. Im Prinzip wird ein Sender aber, wenn er sich des Mediums der E-Mail bedient, spätestens innerhalb von 48 h eine Reaktion erwarten, es sei denn, Sie haben einen Abwesenheitsassistenten eingerichtet, der über Ihre Abwesenheit und deren Dauer informiert.

5.1.3 Führung beeinflusst die E-Mail-Kultur maßgeblich

Jedes Handeln im Unternehmen wird durch die Führung des Unternehmens beeinflusst. Mittelbar dadurch, dass Führungskräfte als Vorbilder wirken und so einen Sog erzeugen, dies nachzuahmen. Und natürlich auch durch die Ausübung von

Führung in Form des Sprechens über das gewünschte Verhalten und des Treffens von Vereinbarungen zwischen Führungskraft und Mitarbeiter zur künftigen E-Mail-Kommunikation durch den Mitarbeiter. Und schließlich gehört dazu auch das Ansprechen unerwünschten Verhaltens in puncto E-Mails. In diesem Abschnitt wurden daher Führungskräften viele Gründe und Anregungen geliefert, wie sie selbst und ihre Mitarbeiter durch eine adäquate E-Mail-Kommunikation sich selbst und anderen das Leben leichter machen können.

5.2 Meetings auf das Wesentliche beschränkt

Ich war heute den ganzen Tag in Meetings, Schatz!

So oder ähnlich ist die Rückmeldung vieler Fach- und Führungskräfte am Ende vieler Arbeitstage. Befragt danach, ob der Tag Spaß gemacht hat, ob sie etwas „geschafft" bzw. „bewirkt" haben, erntet man ein Kopfschütteln oder Achselzucken. Desillusionierend für viele Führungskräfte wäre es auch, Meeting-Teilnehmer beim Herausgehen mit versteckter Kamera zu filmen. Kommentare wie „Das hätten wir uns schenken können", „Warum werden wir gefragt, wenn das Ergebnis schon feststeht?", „Das hätten wir auch in einem Viertel der Zeit besprechen können!" würden sicherlich zur Top 10 der Kommentare gehören.

Es liegt auf der Hand, dass insbesondere für Meetings gilt: Weniger ist mehr! Zudem sind **Meetings in vielen Organisationen eine Arbeitsform, die sich leider dem prozesshaften Handeln bis heute noch weitgehend entzieht.** Anders ist es nicht zu erklären, dass viele Teilnehmer von Meetings darüber klagen, dass Ihnen das Ziel unklar ist, die (ganze) Agenda nicht vorher bekannt war, dass sie die Themen nicht interessierten etc.

Meetings in dem hier verstandenen Sinne sind reale Besprechungen wie auch virtuelle Meetings via Videokonferenz.

Wohlan, mit ein paar wenigen Verhaltensregeln lässt sich auch das Meeting-Unwesen in vielen Unternehmen erfolgreich auf einen effektiven Kern zusammenschmelzen.

(a) **Das „Ob" eines Meetings – Gibt es einen ausreichenden/sinnvollen Anlass?** Der Zweck von Meetings ist üblicherweise der Informationsaustausch, die Entscheidungsfindung oder eine gemeinsame Problemlösung. Es macht letztlich nur dann Sinn, wenn der entsprechende Zweck ohne Zusammenkunft nicht bzw. nicht so gut erreicht werden könnte.

Tab. 5.1 Sinnvolle Anwendungsbereiche von Meetings

MEETING GRDS. SINNVOLL FÜR	MEETING GRDS. NICHT SINNVOLL FÜR
Gegenseitiger Informationsaustausch	Informationsweitergabe durch Vorgesetzte
	Ausnahmen: Information ist sehr komplex, kann leicht zu Missverständnissen führen, erfordert Aktionen, über die eine Diskussion bzw. ein Austausch wichtig sind, soll für Informationsgeber Feedback erreichen
Entscheidungsfindung	Mitteilung getroffener Entscheidungen/Einholung der Zustimmung zu bereits feststehenden Entscheidungen
	Ausnahmen: Es ist ein Austausch über die Folgen bzw. notwendige Aktionen erforderlich
Suche nach der Lösung für ein Problem bzw. eine Herausforderung	Information über Probleme ohne Möglichkeit des Austauschs
Meta-Kommunikation zur Zusammenarbeit im Team	Diskussion von bilateralen Themen in großer Runde

Wenn die vorstehenden drei Zwecke sinnvolle Anlässe für Meetings wären und sich Meetings allein auf solche Zwecke beschränken würden, dann gäbe es aber deutlich weniger davon und die Meetings wären deutlich kürzer (Tab. 5.1).

Am Anfang sollte immer die Frage stehen, ob es das Meeting geben MUSS, ob ein Tagesordnungspunkt beim Meeting besprochen werden MUSS oder ob die Frage bzw. der TOP anders erledigt werden kann. Zum Beispiel durch eine schriftliche Information, durch ein kurze Telefonkonferenz etc.

(b) Das „Wie" eines Meetings – Wie kann das Meeting möglichst effektiv geplant, durchgeführt und nachbereitet werden? Die effektive Durchführung von Meetings verlangt nach einer detaillierten Planung bzw. Agenda, einer disziplinierten Durchführung sowie einer akkuraten Nachbereitung.

Planung/Agenda von Meetings

- Benennung von Anlass und Ziel(en) der Besprechung: möglichst konkret!
- Teilnehmer: so wenig wie möglich, aber alle die zwingend erforderlich sind (max. zwölf)
- Ort und Zeit der Besprechung: Möglichst nah und möglichst kurz, zu üblichen Bürozeiten, geringe Gefahr später Anreisen oder früher Abreisen, Kollision mit anderen internen oder externen Veranstaltungen vorab klären

- Vorbereitung der Teilnehmer: alle notwendigen Informationen mehrere Tage vorher zur Verfügung stellen, Arbeitsaufträge im Vorfeld klar definieren
- Vorbereitung des Meetings durch den Leiter: Bestimmung des Protokollanten, Raumbuchung, Koordination von Präsentationen, gegebenenfalls bei langen Meetings Getränke und Essen bestellen

Durchführung von Meetings Zur Durchführung von Meetings gibt es aus der Praxis einige letztlich einfache Ratschläge, die zu mehr Effizienz und Effektivität führen:

- Pünktlicher Beginn, pünktliches Ende – d. h. kein Warten auf Zuspätkommende, kein Überziehen
- Gemeinsames Verständnis vom Ziel jedes Tagesordnungspunktes (Entscheidung, Problemlösung oder Austausch) erreichen
- Disziplinierte Durchführung der Diskussion – Nur ein Thema wird zu einer Zeit diskutiert (alles andere nicht, gegebenenfalls neue Themen für spätere Meetings oder TOP schriftlich festgehalten)
- Vertraulichkeit geklärt – Vorabklärung, welche Informationen und/oder Entscheidungen vertraulich sind bzw. an wen sie im Nachgang weitergegeben werden dürfen
- Präsenz aller Teilnehmer bei den Themen – Handys werden ausgeschaltet (Aus-Aus, nicht nur stumm), keine Bearbeitung von E-Mails im Meeting, kein Lesen anderer Unterlagen, keine Seitengespräche mit den Nachbarn, kein Rein- und Rausgehen etc.
- Alle Teilnehmer eingebunden – Feedback von allen Teilnehmern erreichen, auch von den nicht so extrovertierten
- Ergebnisse und Zwischenergebnisse transparent festhalten – Benutzung von Flipcharts, gegebenenfalls (weil sehr effektiv) Diktieren des Ergebnisprotokolls im Beisein aller während des Meetings – To-dos bzw. Arbeitsaufträge mit Namen und Datum festgehalten

Es empfiehlt sich im Übrigen, Pausen zur Erholung und Frischluftzufuhr sowie als „Separator zwischen verschiedenen Themenkomplexen" mindestens alle 1,5 bis zwei Stunden vorzusehen.

Nachbereitung von Meetings In gut vorbereiteten und durchgeführten Meetings werden Ergebnisse erzielt, Entscheidungen getroffen, Ideen geboren oder Informationen ausgetauscht. Ihr Nutzen hängt sowohl objektiv als auch subjektiv (sprich: in der Wahrnehmung der Teilnehmer) davon ab, wie verbindlich das ist, was dort besprochen und beschlossen worden ist. Es gehört auch zu einem effektiven Umgang mit Meetings, zumindest nach größeren bzw. besonders wichtigen Meetings oder nach einem bestimmten Zyklus von regelmäßig stattfindenden Meetings Rückschau zu halten, was gut gelaufen ist und damit beibehalten werden kann sowie was nicht so gut lief und beim nächsten Mal verbessert werden kann... und dies auch offen den Teilnehmern zu kommunizieren.

Die Kernfragen, die zur Nachbereitung gestellt werden können, lauten wie folgt:

1. Sind die Ergebnisse und die Follow-ups für die Teilnehmer später (leicht) auffindbar?
2. Ist geklärt, welche Informationen aus dem Meeting an Dritte bzw. alle Mitarbeiter in welcher Form kommuniziert werden?
3. Werden Arbeitsaufträge nachgehalten und hat es Konsequenzen, wenn Arbeitsaufträge nicht erfüllt werden?
4. Haben Entscheidungen Bestand oder werden sie später ignoriert oder vom Management „kassiert"?
5. Wird aus wenig effektiv verlaufenen Meetings gelernt (bezüglich Vorbereitung, Durchführung und Nachbereitung) oder wiederholen sich unbefriedigende Meeting-Verläufe?

5.3   Neue Medien – mit Maß – nutzen, insbesondere in dezentralen Organisationen

Die Medien und Kommunikationskanäle, derer Sie sich als Unternehmer und Führungskraft bedienen können, um ihre Mitarbeiter zu erreichen, wachsen und wachsen. War es gestern noch das persönliche Gespräch, das Team-Meeting oder die Mitarbeiterversammlung und für Mitarbeiter an entfernteren Orten Telefon, Telefax oder Telex, sind heute E-Mail, Video-Konferenzen, Intranet- oder Internetforen, Web-Konferenzen (Webcasts) und noch einiges mehr dazu gekommen.

5.3.1 Videokonferenzen

Videokonferenzen sind nach meiner Erfahrung ein durchaus probates, gut funktionierendes Instrument, um Mitarbeiter bzw. Führungskräfte, die an weit entfernten Standorten präsent sind, zu einer virtuellen Konferenz zusammenzubringen. Es gibt aus meiner Sicht allerdings einige wenige Verhaltensregeln, die bewirken, dass alle Teilnehmer Spaß an Videokonferenzen haben und sich diese nicht selbst zu vermeidbaren Zeitfressern entwickeln.

Es ist zum Ersten wichtig und vermeidet unnötige Frustrationen, wenn die Verbindungen, die für die Durchführung einer Videokonferenz aufgebaut werden müssen, mindestens 15 min vor dem eigentlichen Beginn der Videokonferenz bereits stehen. Denn leider kommt es immer wieder einmal zu technischen Problemen. Es ist jedoch ineffizient und in hohem Maße frustrierend, wenn diese erst während der geplanten Konferenzzeit bearbeitet werden. Es kann so vermieden werden, dass gegebenenfalls viele hochbezahlte Mitarbeiter kollektiv einige Zeit darauf warten, dass alle Leitungen stehen und die Videokonferenz beginnen kann.

Ein zweite wichtige Verhaltensregel für alle Teilnehmer, die den Fluss des Austauschs fördert und ebenfalls unnötige Frustrationen vermeidet, besteht darin, dass es einen Leiter der Konferenz gibt und gewünschte Wortmeldungen diesem durch Handzeichen bekanntgegeben werden. Simultane Äußerungen können so weitgehend vermieden werden.

Sofern das verwendete Videokonferenzsystem nur mit einem Bildschirm arbeitet, ist es wichtig, dass Unterlagen oder Präsentationen, die gemeinsam diskutiert werden sollen, vor der Videokonferenz bereits an allen teilnehmenden Standorten vorhanden sind. Sie können so gegebenenfalls ausgedruckt vor den Teilnehmern liegen. Selbst bei Systemen mit zwei Bildschirmen macht es Sinn, eine verwendete Präsentation als Backup vorab zu verteilen, um diese bei Leitungsproblemen oder dann, wenn aus technischen Gründen nur eine Telefonkonferenz möglich ist, zur Verfügung zu haben.

5.3.2 Intranet bzw. Internetforen

Geht es um das Zusammentragen, die Diskussion und die Archivierung von Erfahrungen oder Meinungen zu einzelnen Themen (Fach- oder Führungsthemen), dann bietet sich als Alternative einerseits zu synchroner Kommunikation im Live-Meeting, via Telefon oder Videokonferenz und andererseits zu asynchroner Kommunikation via Brief oder E-Mail die Nutzung von Intranet- oder Internetforen an.

Ein solcher Marktplatz im Intranet oder Internet leistet gegenüber E-Mail-Kommunikation in größeren Gruppen, sprich mit großem Verteiler, mehrere entscheidende Vorteile. Ein erster Vorteil besteht in der Dokumentation und Archivierung aller Beiträge zu einem Thema an einem Ort. Ein zweiter, der mit dem ersteren verbunden ist, besteht darin, dass ein Forum leichter und gezielter ausgewertet und durchsucht werden kann. Schließlich ist ein dritter Vorteil, dass er den Mitarbeitern die Wahl lässt, eine Diskussion laufend oder nur punktuell zu verfolgen, wenn sie Relevanz erhält. Anders als bei Mails mit riesigem Verteiler wird der Streuverlust der Information bzw. die unnötige Zeit für das Lesen nicht relevanter Informationen hierdurch deutlich begrenzt.

Der Erfolgt der Nutzung von Intranet- bzw. Internetforen wird erhöht, wenn es für jedes Forum einen oder zwei Moderatoren bzw. Verantwortliche gibt, die Administratorenrecht haben und für den Zugang zum Forum, die Ordnung der Informationen dort und gegebenenfalls die Weiterverwertung dieser Informationen verantwortlich sind. Der Verantwortliche entscheidet gegebenenfalls auch, ob Informationen im Forum in einer hierarchischen Struktur (die Beziehungen zwischen den Beiträgen werden sichtbar) oder chronologisch (die Sortierung erfolgt nach Aktivität) gespeichert werden.

5.3.3   Webcasts

Für die Fortbildung bzw. Weitergabe von fachlichen Informationen haben sich – wie ich meine zu Recht – in den letzten Jahren sogenannte Webcasts als Medium durchgesetzt.

Bei Webcasts werden Ton und Bild übertragen, womit sie die Funktion einer Art Internet-Fernsehsendung übernehmen. Das Bild ist – auch aus Gründen der Datenmenge – in der Regel ein stehendes Bild bzw. eine Präsentation mit Folien, die auf den PC-Bildschirmen der teilnehmenden Mitarbeiter genauso gesehen werden können wie auf dem PC desjenigen, der ein Webcast leitet. Er kann in aller Regel selbst den Folienwechsel veranlassen und sehen, wer am Webcast teilnimmt. Durch die Übertragung von Ton wie bei einem Telefonat ermöglichen Webcasts Fragen durch die Teilnehmer bzw. eine Diskussion zwischen Moderator und Teilnehmern. Die Möglichkeit zu Interaktion per Online-Chat oder „telefonisch" kann vom Veranstalter gesteuert werden. Je nach Software wird gegebenenfalls jeweils nur für einen Teilnehmer, der per Button einen Fragewunsch ausgedrückt hat, das Mikrofon geöffnet, was bei großen Teilnehmermengen parallele Wortmeldungen vermeidet oder – allerdings fragwürdig vom Ansatz – die Möglichkeit bietet, gezielt bestimmten Personen das Wort zu erteilen bzw. anderen nicht.

Über die Möglichkeit der Aufzeichnung und späteres Wiederabspielen ermöglichen es Webcasts zudem, dass Präsentationen mehrfach verwertet werden können. Im Kosten-/Nutzenverhältnis sind Webcasts damit sehr effizient. Sie ermöglichen auch, anders als Videokonferenzen oder Live-Konferenzen, dass der Sprecher bzw. Moderator in unauffälliger Weise von anderen Unterstützung bekommt, etwa bezogen auf die Beantwortung von Fragen.

5.4 Konfliktmanagement mit System

Überall, wo Menschen zusammen arbeiten, entstehen irgendwann Konflikte. Konflikte zwischen Einzelnen (Mitarbeitern und Vorgesetzten, Kollegen und gegebenenfalls Mitarbeitern und Kunden) sowie zwischen Organisationseinheiten (Gruppen, Abteilungen, Bereichen etc.) sind damit in Unternehmen Normalität.

Als Unternehmensleiter und Führungskräfte wissen Sie, dass Konflikte nicht per se negativ einzuordnen sind, sondern vielfach förderlich und produktiv sind, etwa indem sie Indikatoren für zu verbessernde Umstände darstellen (z. B. unklare Ziele, unpräzise definierte Arbeitsabläufe und Verantwortlichkeiten), Ausdruck unterschiedlicher Perspektiven, Wahrnehmungen oder Interessen darstellen und damit häufig Anstöße für die Verbesserung der Unternehmensorganisation geben.

Als Zeit- und Energieräuber sind Konflikte nur dann einzuordnen, wenn die Art und Weise, wie sie ausgetragen werden, „unproduktiv" bzw. „destruktiv" ist. Das ist der Fall, wenn hierunter nachhaltig die Kooperationsbereitschaft von Personen und Organisationseinheiten leidet, Mitarbeiter demotiviert oder krank werden oder aufgrund langer Dauer bzw. starker Eskalation am Ende Personalmaßnahmen mit den damit verbundenen Kosten notwendig werden.

> Ein unternehmensinternes Konfliktmanagement mit System kann helfen, dass Konflikte frühzeitig erkannt werden und die Konfliktpartner in die Lage versetzt werden, zeitnah und beziehungsschonend eine alle beteiligten Bedürfnisse und Interessen berücksichtigende Lösung zu finden. Ein firmeninternes Konfliktmanagement-System kann insbesondere helfen, dass Konfliktpartner ihren Konflikt immer seltener an Dritte (höher Vorgesetzte, Gerichte etc.) delegieren, sondern selbst die Verantwortung für die Lösung des Konfliktes übernehmen.

Mit diesem Management-Buch kann keine umfassende Beratung zu diesem Thema geboten werden.[1] Ich möchte Ihnen allerdings nachfolgend die aus meiner Sicht wichtigsten Elemente eines funktionierenden Konfliktmanagement-Systems für Unternehmen jeder Größe darstellen. Dies sind Verbreiterung des Konfliktmanagement-Wissens, klare Regeln und definierte Verantwortlichkeiten.

Grundelemente eines systematischen Konfliktmanagements

1. Verbreiterung des Wissens über die Entstehung und den produktiven Umgang mit Konflikten

Möglichst jeder Mitarbeiter im Unternehmen, jedenfalls aber jede Führungskraft, sollte in der Lage sein, einen interpersonellen Konflikt und einen zwischen Unternehmenseinheiten frühzeitig als solchen erkennen zu können. Es sollte Wissen darüber vorhanden sein, wie Konflikte entstehen, welche Grundmuster im Umgang mit Konflikten bestehen und wie Konflikte eskalieren und wie sie deeskaliert werden können. Weiterhin sollte man ein fundiertes Know-how/eine gewisse Kompetenz dazu erworben haben, wie eine ideale Konfliktlösung aussieht. Sie beinhaltet kein Obsiegen eines Konfliktpartners, sondern eine einvernehmliche Lösung, die die Bedürfnisse und Interessen aller Beteiligten berücksichtigt.

Insbesondere der Unternehmensleitung sowie den Führungskräften und Projektleitern sollte bewusst sein, dass sie selbst durch klare Zielsetzungen, Aufgabenverteilungen und gegebenenfalls Aufgabeabgrenzungen sowie eine gleichmäßige Aufmerksamkeit und Wertschätzung gegenüber allen Mitarbeitern bzw. Unternehmenseinheiten einen wesentlichen Beitrag zur Vermeidung von Konflikten leisten können.

2. Unternehmensinterne Regeln zum Thema Streit- und Konfliktkultur

Meine Empfehlung ist, dass jedes Unternehmen für sich Regeln und konkret gewünschte Verhaltensweisen im Zusammenhang mit Konflikten definiert bzw. beispielhaft beschreibt und für die Mitarbeiter transparent macht. In größeren Organisationen kann es ratsam sein, nicht wünschenswertes, unfaires Verhalten (insbesondere Mobbing) und mit ihm verbundene Sanktionen in einer Dienstanweisung oder Betriebsvereinbarung zu regeln (siehe auch Abschnitt Abschn. 6.3).

Natürlich ist es für den Erfolg notwendig, dass die von den Mitarbeitern geforderte Streit- und Konfliktkultur vom Kopf bis zu den Gliedern des Unternehmens

---

[1] Weitergehende Informationen bei [1, 4, 3] sowie ([2], S. 12–14).

gelebt wird und das System auf Konflikte auf jeder Ebene des Unternehmens unterhalb der Geschäftsleitung (hier ist eine vollständig externe Lösung im Zweifel angemessener) Anwendung findet.

Leitsätze für den Umgang mit Konflikten im Unternehmen könnten z.B. sein

- Wir berücksichtigen – insbesondere in Situationen, die potenziell konfliktträchtig sind – nicht nur die eigenen Interessen, sondern auch die der Personen bzw. Bereiche, mit denen wir im Unternehmen kooperieren.
- (Potenzielle) Konflikte werden von uns partnerschaftlich geklärt. Wir kehren sie weder unter den Tisch noch tragen wir zu einer unnötigen Ausweitung und Verschärfung bei.
- Wir bemühen uns in Konfliktsituationen darum, die Sache von der Person zu trennen. Wenn es (auch) einen Konflikt auf der Beziehungsebene gibt, dann klären wir zunächst diesen, bevor wir uns mit unserem Konfliktpartner(n) der Klärung der Sachebene zuwenden.
- Wenn Konflikte lange andauern, immer weiter eskalieren, die Kooperation im Unternehmen merklich beeinträchtigen oder ich nicht mehr weiter weiß ... wende ich mich an die unternehmensinterne Konfliktberatungsstelle.

Soweit, was ich in jedem Fall empfehle, eine Konfliktberatung bzw. Mediation angeboten wird, sollten auch für diese Verfahrens- und Ethikstandards aufgestellt werden. Eingesetzte Konfliktberater bzw. Mediatoren müssten auf diese Qualitätsstandards verpflichtet werden und gegebenenfalls intern im Hinblick auf diese Standards ausgebildet werden.

Weiterhin sollte definiert sein, durch wen und in welcher Form eine Dokumentation und Qualitätssicherung der Arbeit der Konfliktberatungsstelle und der von ihr vermittelten Konfliktberater und Mediatoren erfolgt und schließlich, in welcher Form über das System unternehmensintern informiert wird.

1. **Konfliktberatungsstelle als Anlaufstelle in Konflikten**
   Es ist aus meiner Sicht ratsam, den Mitarbeitern eine Konfliktberatungsstelle zu benennen, an die sie sich – außerhalb der Hierarchie – bei stärker eskalierten Konflikten wenden können. Die erste Aufgabe der Konfliktberatungsstelle, die in kleineren Unternehmen im Zweifel nur eine einzige Person oder gegebenenfalls sogar ein externer Berater ist, besteht darin, die vorhandenen Unterstützungsangebote den Konfliktpartnern zugänglich zu machen.

Dies kann eine einfache Konfliktberatung oder das Coaching eines einzelnen Konfliktbeteiligten sowie eine Konfliktmoderation – gegebenenfalls durch
die Konfliktberatungsstelle selbst – sein, oder ein förmliches Mediations-
verfahren durch unternehmensinterne oder externe Mediatoren aus einem
qualitätsgesicherten Mediatoren-Pool.

2. **Steuerung des unternehmensinternen Konfliktmanagement -Systems durch
    eine Steuerungsgruppe, die aus Führungs- und Fachkräften besteht**
    In größeren mittelständischen Unternehmen (> 100 Mitarbeiter) und
    Großunternehmen macht es Sinn, die Steuerung des unternehmensinter-
    nen Konfliktmanagement-Systems einer kleinen Steuerungsgruppe zu über-
    geben. Diese sollte idealerweise aus mindestens einer Führungskraft und
    einer Nichtführungskraft, gegebenenfalls einem Vertreter des Betriebsrats und
    gegebenenfalls einem externen Experten bestehen.

Zur Steuerung gehört, dass die Steuerungsgruppe einen gesamthaften Blick auf
die vorhandenen und gegebenenfalls noch notwendigen bzw. optimierbaren
Elemente des Konfliktmanagement-Systems (einschließlich notwendiger Schulungsmaßnahmen) hat, notwendige finanzielle und personelle Ressourcen ermittelt
und bei der Geschäftsleitung einfordert und schließlich das Controlling bzw. die
Qualitätssicherung der einzelnen Elemente des Systems übernimmt oder initiiert.

Literatur

1. Bühler W (2006) Konfliktprävention und Konfliktlösung durch unternehmensinterne
   Mediation. GRIN Verlag, Norderstedt
2. Doetsch P (2011) Mediation intern oder extern? personalmagazin (2): 12–14
3. PricewaterhouseCoopers und Europa-Universität Viadrina Frankfurt/Oder (Hrsg)
   (2011) Studie „Konfliktmanagement – Von den Elementen zum System". Frankfurt
   (Oder)
4. Zülsdorf R (2008) Strukturelle Konflikte in Unternehmen. Gabler, Wiesbaden

Rechtliche Risiken adressieren und minimieren

6

6.1 Compliance – vom „Darf ich das tun?" zum „Sollte ich das tun?"

6.1.1 Compliance – was ist das, wofür ist das wichtig?

Der aus dem anglo-amerikanischen Raum stammende Begriff COMPLIANCE kann deutsch nach Wikipedia am ehesten mit den Begriffen REGELTREUE bzw. REGELKONFORMITÄT übersetzt werden. Er bezeichnet ein von den Mitarbeitern (und gegebenenfalls dem Gesamtunternehmen) **erwartetes Verhalten in Form der Einhaltung aller einschlägigen gesetzlichen Bestimmungen und regulatorischen Standards** sowie der unternehmensintern definierten Richtlinien, Kodizes und ethischen Standards.[1]

Vor allem in Unternehmen, für die eine staatliche Zulassung notwendig ist und/oder deren Tätigkeit staatlich reguliert ist, kommt „Compliance-Regeln" bzw. einem deren Einhaltung dienenden „Compliance Management" eine zunehmende Bedeutung zu.

Die wachsende Bedeutung folgt daraus, dass Rechtsverstößen eine immer größere Aufmerksamkeit in der Öffentlichkeit und vor allem in den Medien geschenkt wird. Die Folge von Compliance-Verstößen ist damit ein gegebenenfalls immenser Image-Schaden für das Unternehmen bis zum Punkt, wo Geschäftspartner angehalten sind, die Geschäftsverbindung mit dem sich nicht regeltreu verhaltenden Unternehmen abzubrechen. Weiterer handfester Schaden kann gegebenenfalls auch durch Bußgelder und Strafen staatlicher Behörden (z. B. Börsenaufsicht, Aufsichtsamt etc.) entstehen. Insbesondere die Gefahren für den Ruf und das Image

---

[1] Vgl. zur Definition auch Deutscher Corporate Governance Kodex, 4.1.3; [[1], S. 50; [3], S. 30 f.]

P. A. Doetsch, *Mitarbeiterführung: Fair + Erfolgreich*,
DOI 10.1007/978-3-658-04958-4_6, © Springer Fachmedien Wiesbaden 2014

des Unternehmens bewirken ein Interesse von Unternehmen, jeden Anschein von Compliance-Verstößen zu vermeiden oder – anders gesagt – einen sicheren „Mindestabstand" zu Rechtsverstößen einzuhalten und insoweit nicht „hart am Wind zu segeln".

Für Großunternehmen ist Compliance heute ein Thema von überragender Bedeutung, jedenfalls wenn sie in hohem Maße Aufträge von staatlichen Stellen erhalten und/oder börsennotiert sind. Die gestiegene Bedeutung von Compliance wird zum Beispiel darin deutlich, dass dieses Thema in einzelnen Unternehmen ein eigenes Vorstandsressort ist, so z. B. seit 2008 bei der Telekom AG[2], und dass die Compliance-Teams großer Konzerne gegebenenfalls eine dreistellige Zahl von Mitarbeitern[3] haben. Für börsennotierte Unternehmen bestehen im Übrigen ausdrückliche Vorgaben zum Thema Compliance in Form des „Corporate Governance Kodex". Die Zielrichtung ist mehr Schutz und Transparenz für Investoren und Aktionäre, die Stärkung des Vertrauens in deutsche Unternehmen und den deutschen Kapitalmarkt.

Die Schaffung interner Strukturen, die strukturiert auf die Einhaltung der gesetzlichen und regulatorischen Vorschriften achten, gewinnt seit Jahren bei mittelständischen Unternehmen als Teil deren Risikovorsorge an Bedeutung. Sie nutzen dabei – stärker als Großunternehmen – externe Dienstleister, insbesondere Anwälte und Wirtschaftsprüfer.

6.1.2 Compliance-Regeln – Segen und Fluch

In dem Bemühen, die Risiken aus Rechtsverstößen für die eigene Organisation soweit es geht zu minimieren, werden in den Unternehmen immer mehr Compliance-Regeln geschaffen. In großen Unternehmen entsteht so ein Berg an compliance-relevanten Dokumenten (Richtlinien, Handbücher, Interpretationshilfen, Whistleblower-Regeln, Notfallpläne etc.) mit nicht selten hunderten von Seiten.

Der Verfasser hat bei seiner Tätigkeit als Geschäftsführer eines Beratungsunternehmens, welches zu einem börsennotierten US-Konzern gehörte, dies selbst erlebt und erlitten. Die Compliance-Regeln des Unternehmens füllten hier einen kleinen Ordner. Die Informationsveranstaltungen sowie Online-Schulungen nahmen – je nach Funktion im Unternehmen – jährlich ganze Tage in Anspruch.

---

[2] Das Ressort der Telekom AG heißt 2013 „Datenschutz, Recht und Compliance."

[3] Siemens beschäftigte nach eigenen Angaben ca. 600 Mitarbeiter in seiner Compliance-Organisation.

Aus rechtlichen Gründen wird es wohl notwendig bleiben, die Mitarbeiter mit einer Vielzahl von staatlichen und unternehmenseigenen Regeln vertraut zu machen. Denn Geldwäsche, Bestechung oder andere Rechtsverstöße oder die Corporate Identity und den Ruf beschädigende Verstöße gegen interne Verhaltensregeln können einen gegebenenfalls riesigen finanziellen Schaden bzw. Rufschaden auslösen. Die Aushändigung solcher Regeln bzw. die Schulung erreicht in jedem Fall eines: eine gewisse Entlastung der Verantwortlichen im Unternehmen. Erreicht sie aber auch eine Verhaltensveränderung und eine Abnahme von Regelverstößen? Vermutlich kann diese Frage niemand wirklich beantworten, weil sie nur schwer messbar wäre. Es bleibt also ein großes Fragezeichen.

Je mehr interne und externe Regeln die Mitarbeiter bei der Arbeit zu beachten haben, umso mehr wächst die Gefahr, dass Sie abstumpfen und – da es ihnen unmöglich scheint, alle Regeln zu kennen – letztlich aufgeben, die Regeln zu beachten. Im günstigsten Fall merken sie sich die als besonders wichtig genannten Regeln. Im ungünstigen Fall richten sie sich nach den Regeln nur noch dann und insoweit, als sie eine Kontrolle wahrnehmen. So habe ich erlebt, dass vor der angekündigten Durchführung einer Innenrevision temporär Regeln durchgelesen und beachtet wurden, am Tag nach der Abreise der Revisoren aber nicht mehr.

Immer mehr Compliance-Anforderungen erhöhen die Gefahr einer Kapitulation der Mitarbeiter vor diesen Anforderungen, da sie vor lauter Bäumen den Wald nicht mehr sehen. Eine m. E. langfristig sehr gefährliche Entwicklung.

6.1.3 Effektive Compliance = Sensibilisierung für das „Sollte ich das tun?"

Angesichts immer mehr und immer komplexeren Anforderungen an das rechtlich geforderte Verhalten kann die Aushändigung von immer mehr Regeln an die Mitarbeiter, wenn überhaupt, nur einen begrenzten Effekt haben.

Es stellt sich die Frage, ob das vor allem von US-Unternehmen bzw. von an US-Börsen gelisteten Unternehmen praktizierte Compliance Management – mit immer mehr Regeln und immer mehr obligatorischen Schulungen – der richtige Weg ist und seinen Zweck, die jeweilige Unternehmensorganisation zu schützen, bestmöglich erfüllt.

Meine These und auch eigene Erfahrung ist, dass, soweit sich ein Compliance Management auf die Mitteilung der geltenden Regeln beschränkt, es nur wenig erreicht. Die wirtschaftlichen Prozesse in den Unternehmen sind so vielschichtig und komplex, dass es unmöglich ist, für jede nur denkbare künftige Situation im Voraus eine passende Compliance-Richtlinie zu erstellen. Selbst wenn es möglich wäre, würde ein solches Ungetüm an Verhaltensregeln entstehen, dass die Mitarbeiter mehr Zeit für das Lesen der Regeln benötigen würden als für die eigentliche Arbeit.

Ein vielfach verkanntes Risiko besteht darin, wie Dov Seidman in seinem Buch „How" [2] herausgearbeitet hat, dass – je mehr Regeln bestehen – die Mitarbeiter aus dem Fehlen von Regeln den Schluss ziehen, dass ein nicht explizit verbotenes Verhalten erlaubt ist. Denn, wäre es nicht erlaubt, dann wäre es ja (auch) im Regelwerk genannt worden, mutmaßen die Mitarbeiter dann.

Die Gefahr besteht also darin, dass die Mitarbeiter auf Basis der ihnen gegebenen Compliance-Regeln allein die Frage prüfen, ob sie etwas „dürfen", anstatt der Frage nachzugehen, ob sie sich so verhalten „sollten". Würden sie Letzteres prüfen, so könnten sie bezogen auf Handlungen und Situationen, die in den einschlägigen Compliance-Regeln nicht betrachtet wurden, zum Schluss kommen, dass der Arbeitgeber dieses Verhalten nicht gewünscht oder gar verboten hätte, hätte er diese Situation vorher erkannt.

> *Wir sollten uns nicht fragen, ‚Was können bzw. was dürfen wir tun?',*
> *sondern ‚Aufgrund unserer Werte, was sollten wir tun?'*
> Angelehnt an Dov Seidman (2007), Vordenker in Sachen Unternehmensethik
> und Gründer der US-amerikanischen Compliance-Beratungsfirma LRN

Gefordert ist also, dass nicht immer mehr und mehr Regeln zum „Kann bzw. darf ich das tun" aufgetürmt werden, sondern dass in ein Verständnis für ein „Sollte ich das tun" investiert wird. Die Mitarbeiter eines Unternehmens finden nur dann Orientierung im vorgenannten Sinne, wenn sie den Sinn hinter den Compliance-Regeln verstehen, wenn sie verstehen, welche Werte oder Rechtsgüter mit den Compliance-Regeln geschützt werden sollen. Sie können sich dann – auch wenn sie das Regelwerk nicht zur Hand haben oder es zum betreffenden Thema keine Auskunft gibt – fragen, welche Auswirkungen ihr Handeln in ungeregelten Situationen für diesen Wert bzw. diese Rechtsgüter haben kann.

Und noch ein Letztes: die Mitarbeiter Ihres Unternehmens sollten sich, wenn sie die Frage nach dem „Sollte ich das tun?" nicht klar und eindeutig mit „JA" beantworten können, dazu eingeladen fühlen, ihren jeweiligen Vorgesetzten oder einen benannten Compliance-Verantwortlichen zur Sicherheit zu befragen. Und wenn sie dies tun, dann sollten sie allein für diese Nachfrage gelobt werden und nicht negatives Feedback wie „das ist doch klar, dass Sie das nicht dürfen", „es steht doch da und da, dass dies nicht erlaubt ist" etc. erhalten. Und sie sollten sehr schnell, im Zweifel sofort, eine eindeutige Handlungsanweisung bzw. Antwort erhalten.

6.1.4 Niederschwellige Hilfsangebote

Es sollte für die Mitarbeiter Ihres Unternehmens transparent sein, an wen – im Unternehmen und/oder außerhalb – sie sich wenden können, wenn sie unsicher sind bezogen auf die Zulässigkeit ihres eigenen Handelns oder wenn sie gravierende Rechtsverstöße anderer Mitarbeiter wahrnehmen.

Bezogen auf eigenes Verhalten ist im Zweifel primär der direkte Vorgesetzte der erste Ansprechpartner. Soweit er selbst jedoch „Teil des Problems" ist, oder wenn aus anderen Gründen ein Mitarbeiter davor zurückschreckt, ihn anzusprechen, sollte ein „Ventil" dafür vorhanden sein.

Für allgemeine Rechtsverstöße (z. B. beobachtete Preisabsprachen, Unterschlagungen etc.) kommt gegebenenfalls der Vertrag mit einer externen Whistleblower-Hotline in Betracht. Eine externe Stelle für die Meldung von Rechtsverstößen hat vor allem zwei Vorteile gegenüber einer internen: Die Mitarbeiter vertrauen hier mehr auf Wahrung von Vertraulichkeit und Anonymität ihrer Person als Whistleblower und die externe Hotline (per Telefon, Web-Eingabe oder Mail) ist typischerweise sieben Tage die Woche 24 h erreichbar.

Bei unfairem Verhalten bzw. Mobbing von Mitarbeitern durch andere Mitarbeiter oder ganze Unternehmenseinheiten kann gegebenenfalls auch – neben einem Ansprechen von höheren Vorgesetzten oder einer Beschwerdestelle im Unternehmen – den Mitarbeitern eine Kontaktaufnahme bei der (gebührenpflichtigen) Mobbing-Hotline der Fairness-Stiftung (Tel.: 0180 5445885) nahegelegt werden.

6.2 Firmendatenschutz – alle machen mit

6.2.1 Relevanz des Firmendatenschutzes

Datenschutz ist nicht nur für Bürger wichtig, sondern in besonderem Maße für Unternehmen! Der Schutz von Geschäftsgeheimnissen und vertraulichen Firmendaten ist für Unternehmen zumeist überlebenswichtig. Beispielhaft genannt seien Baupläne, Rezepturen oder andere produktrelevante Informationen bei produzierenden Unternehmen oder Prozesse, Geschäftsverbindungen, Geschäftsdaten von Kundenunternehmen etc. bei Beratungsunternehmen.

Verstöße gegen den Datenschutz können massive Folgen haben, in Form eines direkten wirtschaftlichen Schadens, in Form von Schadensersatzzahlungen, Zahlung von Strafen an Behörden oder durch Umsatzeinbrüche aufgrund des Verlustes

eines Wettbewerbsvorteils, in Form eines Rufschadens, der nachhaltig das Ansehen und den Ruf des Unternehmens und damit mittelbar den Umsatz und die
Attraktivität als Arbeitgeber schädigt, bis hin zu strafrechtlichen Verfahren gegen
handelnde Personen und insbesondere Organpersonen. Besonders kritisch ist die
Preisgabe von Insider- bzw. kursrelevanten Informationen bei börsennotierten Unternehmen, da diese gegebenenfalls hohe Schadensersatzzahlungen oder Straf- bzw.
Ordnungswidrigkeitsverfahren auslösen können.

Datenschutz muss lückenlos sein! Nur wenn alle Arbeitnehmer mitmachen, ist
er gewährleistet. Das schwächste Glied der Kette bestimmt deren Reißfestigkeit.
Entsprechendes gilt auch für den Datenschutz.

6.2.2 Weniger in umfangreiche Regeln als in Sensibilisierung investieren

Der Schutz der Geschäftsgeheimnisse des eigenen Unternehmens sowie von nicht
öffentlich zugänglichen Kundendaten ist – da werden Sie mir zustimmen – eigentlich eine Selbstverständlichkeit. Warum werden Geschäftsgeheimnisse dann aber
so oft ungeschützt preisgegeben?

Mein Vermutung und eigene Wahrnehmung ist, dass dies (zumeist) nicht mut-
willig geschieht, sondern unbedacht. Unbedacht deshalb, weil die betreffenden
Personen sich nicht bewusst sind, dass ihr Verhalten Firmen- oder Kundendaten
Unbefugten zugänglich macht bzw. einen unberechtigten Zugang zu diesen stark
erleichtert. Wenn ich im ICE Präsentationen von Unternehmensberatern bzw. Mitarbeitern von Wirtschaftsprüfungsgesellschaften „zur Ansicht geboten bekomme",
auf denen das Logo des Kundenunternehmens prangt, dessen Probleme in 20 pt
großer Schrift zu lesen sind, gegebenenfalls auch die Namen von Führungskräften, die nicht erfolgskritisch sind, dann vermute ich Ignoranz oder Unbedachtheit
als Ursache. Ich glaube nicht, dass den Arbeitgebern die 40 EUR für eine sogenannte Privacy-Folie von 3M oder einem anderen Anbieter fehlen, noch glaube
ich, dass sie sich bewusst sind, wie leicht der Inhalt ihres Notebook-Bildschirms
vom Nebenplatz oder einem Platz in der Reihe dahinter einsehbar ist. Auch man-
ches Telefonat mit vermuteten Echt-Namen und -Daten ist nicht für andere Ohren
gedacht, jedenfalls nicht für solche, die Zusammenhänge herstellen können. Bei
lauten Telefonaten ist allerdings nicht immer sicher, dass sie nicht primär dazu
dienen, dem Telefonierer Wichtigkeit zu geben. Es soll eine signifikante Anzahl
von Fake-Telefonaten geben . . . .

Sei es, wie es sei: Im Zug und Flieger, aber auch bei privaten Gesprächen von
Mitarbeitern mit Zugang zu vertraulichen Firmeninformationen fehlt es – trotz zum

Teil sogar umfassenden schriftlichen Regelungen – an einem klaren Bewusstsein
für Datenschutz bzw. an der notwendigen Sensibilität und Vorsicht bezogen auf
Firmen- und Kundendaten.

Was ist nun aber die Lösung? Mein Rat ist, dass Sie nicht vorrangig oder allein
bei verbindlichen Regeln für die Mitarbeiter aufrüsten, sondern sie für das Thema
immer wieder sensibilisieren.

Soweit es Vorschriften gibt, sollten diese praxistauglich sein und auf ihre Einhaltung wirklich geachtet werden. Nicht praxistauglich sind etwa Datenschutzregeln,
die den Geschäftsbetrieb hindern, wie etwa das Verbot, personenbezogene oder
geschäftsrelevante Daten über unverschlüsselte E-Mails zu übermitteln, ohne ein
anderes, für Mitarbeiter und Kunden leicht zugängliches Datenaustauschverfahren
oder eine schnell und einfach zu installierbare E-Mail-Verschlüsselung vorzuhal-
ten. Die Verbindlichkeit von Datenschutzanforderungen ist ein zweites Thema.
Wenn bekannt ist, dass diese Regeln nur dann streng beachtet werden müssen,
wenn die Revision, Compliance-Abteilung oder die Wirtschaftsprüfer ihr Kommen angekündigt haben, muss man sich nicht wundern, wenn sie das Papier nicht
wert sind, auf dem sie stehen.

Die Sensibilisierung für den Schutz von Firmen- und Kundendaten sollte bei
den Führungskräften beginnen, da sie insoweit Vorbild sind, als sie die Verantwortung für das Verhalten der Mitarbeiter tragen und sie mehr als andere
Geschäftsgeheimnisse des eigenen Unternehmens kennen.

Besteht in meinem Unternehmen Handlungsbedarf, werden Sie sich nun vielleicht fragen? Ich kann Ihnen diese Frage natürlich nicht beantworten. Sie können
dies aber sehr leicht selbst tun. Wenden Sie einfach meinen nachfolgenden
4-Fragen-Test zum Datenschutz an.

▶   **4-Fragen-Test zum Schutz von Firmen - und Kundendaten**
    1. Ist für mich und meine Mitarbeiter klar, welche Daten (des Arbeitge-
       bers bzw. der Kunden des Arbeitgebers) vertraulich sind?
    2. Gibt es klare Regeln für den Umgang mit vertraulichen Daten (wie zu
       sichern, wann zu vernichten etc.), sind diese praxistauglich und wird
       auf die Einhaltung geachtet?
    3. Gibt es Regeln und technische Vorkehrungen für den Austausch ver-
       traulicher Daten über das Internet (Verschlüsselung, Portale etc.)?
       Sind sie praxistauglich und wird auf ihre Einhaltung geachtet?
    4. Sind Vorkehrungen getroffen, dass bei Dienstreisen vertrauliche Da-
       ten des Arbeitgebers nicht in falsche Hände, Ohren oder Augen
       gelangen (Blickschutz-Folien für Notebooks, Telefonate nur ohne
       Zuhörer, Verschlüsselung von Daten auf Notebooks etc.)? Sind sie
       praxistauglich und wird auf ihre Einhaltung geachtet?

Es ist zu empfehlen, dass sich die Führungskräfte auf allen Ebenen die genannten vier Fragen zum Datenschutz stellen.

6.3 Arbeitsvertragliche Bedingungen leicht zugänglich machen

Der Arbeitgeber ist nach dem Nachweisgesetz verpflichtet, seine Arbeitnehmer in schriftlicher Form über alle (wesentlichen) Arbeitsbedingungen zu informieren. So weit so gut! Faktisch führt dies dazu, dass die Arbeitnehmer mit Papier erschlagen werden, also neben dem Arbeitsvertrag 1/4 bis 2 kg Papier bekommen, so z. B. die Altersvorsorgeregelung, gegebenenfalls auch Dienstwagenregelung, Datenschutz- und Geheimhaltungs-Regelungen, Compliance-Regelungen, Infos zum Versicherungsschutz sowie andere betriebliche Ordnungsregelungen. Wer soll sich da noch zurechtfinden?

Eine Bereitstellung aller wesentlichen Informationen ausschließlich in elektronischer Form im Intranet, sofern jeder Mitarbeiter Zugang zum Intranet hat, ist letztlich keine Alternative. So enthält das sogenannte Nachweisgesetz als Musterbeispiel für europäische und deutsche Regelungswut eine sehr detaillierte Verpflichtung des Arbeitgebers zur schriftlichen Niederlegung der „wesentlichen Vertragsbedingungen" spätestens einen Monat nach dem vereinbarten Beginn des Arbeitsverhältnisses (siehe § 2 Abs. 1 Satz 3 NachweisG: „Der Nachweis der wesentlichen Vertragsbedingungen in elektronischer Form ist ausgeschlossen."). Müssen Arbeitgeber damit doch alle Informationen in Papierform bereitstellen?

Nein, im Ergebnis nicht. Mit der gesetzlichen Regelung und den Interessen und Bedürfnissen der meisten Mitarbeiter vereinbar ist eine pragmatische Mischung von ausgehändigten schriftlichen Informationen mit allgemeinen Verweisen auf grundlegende geltende Dienstvereinbarungen, Betriebsvereinbarungen und Tarifverträge (plus einem Hinweis, wo sie physisch oder elektronisch für die Mitarbeiter einsehbar sind).

Meine Empfehlung ist, dass jedem Arbeitnehmer beim Eintritt neben dem Arbeitsvertrag (der Beginn und gegebenenfalls Ende des Arbeitsverhältnisses, Tätigkeit, Arbeitsort und -zeit, Erholungsurlaubsanspruch und Vergütung beschreibt) und gegebenenfalls einer Altersversorgungsregelung[4] eine kurze und prägnante

---

[4] Damit auch beim Tod des Arbeitnehmers seine versorgungsberechtigten Hinterbliebenen bzw. er selbst nach einem Ausscheiden aus dem Unternehmen, wenn er keinen Zugang mehr zum Intranet hat, auf diese Information zugreifen kann.

Information über die wesentlichen für den Unternehmensalltag wichtigen Regeln ausgehändigt wird: Arbeitszeiten, was tun bei Krankheit, wo Hilfe suchen bei Unfällen, wohin sich wenden bei Mobbing etc. Ergänzend sollte ein Hinweis gegeben werden, wo die Mitarbeiter auf die Regelungen selbst in allen Details zugreifen können (z. B. im Intranet, in der Personalabteilung etc.).

Gut ist auch eine komprimierte Information zu dem, was in Bezug auf gewünschtes/nichtgewünschtes Verhalten, Compliance und Datenschutz zu den ganz elementaren Anforderungen an die Mitarbeiter gehört.

Die Praxis zeigt, dass gerade die vom Gesetzgeber nicht favorisierte elektronische Bereitstellung von Informationen (neben der Bereitstellung im Personalbüro) ein besonders effektiver Weg ist, da im Intranet des Arbeitgebers im Regelfall eine gezielte Suche mit Suchfunktionen in der Vielzahl der Regelungen möglich ist. Andererseits hat die elektronische Information weniger „Beweiswert", kann sie doch einseitig geändert werden, ohne dass für die Nutzer des Intranets diese Änderung transparent sein muss. Das ist ein Grund, warum jedenfalls in Unternehmen, in denen (nahezu) jeder Mitarbeiter einen Firmen-PC benutzt, eine Kombination von Papierinformation und elektronischer Bereitstellung von Informationen letztlich der „Königsweg" ist.

▶ **Information über die arbeitsvertraglichen Bedingungen**
Für die Praxis ist eine pragmatische Mischung von wenigen ausgehändigten schriftlichen Informationen (insbesondere Arbeitsvertrag, Pensionsregelung) mit allgemeinen Verweisen auf grundlegende geltende betriebliche Regelungen und einem elektronischer Zugang zu allen Informationen eine gute Lösung, um die arbeitsvertraglichen Bedingungen bedarfsgerecht für die Mitarbeiter zugänglich zu machen.

Literatur

1. Krügler E (2011) Compliance – ein Thema mit vielen Facetten. Umwelt Magazin (7/8): 50–51
2. Seidman D (2013) How – Warum WIE wir etwas tun, über alles andere entscheidet! Wiley, Weinheim
3. Vetter E (2008) Compliance in der Unternehmenspraxis. In: Wecker G, van Laak H (Hrsg) Compliance in der Unternehmenspraxis – Grundlagen, Organisation und Umsetzung. Gabler, Wiesbaden

Schatzgrube für mehr Lebensqualität im Unternehmen 7

7.1 Das Pareto-Prinzip (80-zu-20-Regel)

„80 % der Ergebnisse werden in 20 % der Gesamtzeit erreicht." Auch wenn vor einer Übergeneralisierung dieses Prinzips abzuraten ist, so findet es doch erstaunlich häufig Anwendung. Mit 20 % des Zeiteinsatzes wird der größte Teil der Arbeit erledigt, mit 20 % der Kunden der größte Teil des Umsatzes gemacht. . . .

Das Pareto Prinzip lädt damit zum Nachdenken ein, welche Tätigkeiten wirklich wertschöpfend sind, damit man sich auf diese mehr konzentriert, welche Kunden für den Umsatz und Gewinn des Unternehmens am wichtigsten sind, um diesen gegebenenfalls mehr Aufmerksamkeit zu widmen, welche Vertriebskanäle den größten Erfolg bringen, um sich voll um diese zu kümmern und andere Aktivitäten zu reduzieren. . . .

Relevanz: Wenn mit 20 % der Leistung und Energie schon 80 % der Wertschöpfung erreicht werden, stellt sich für uns die Frage, ob eine über 80 % hinausgehende Wertschöpfung den vergleichsweise hohen zusätzlichen Einsatz wert ist. . . .

7.2 Das Parkinsonsche Gesetz[1] zur Ausdehnung von Arbeit

„Arbeit dehnt sich genau in dem Maß aus, wie Zeit für die Erledigung zur Verfügung steht", und nicht in dem Maß, wie komplex sie wirklich ist [6] ([7], S. 17 ff.).

Auch wenn die Beobachtungen von Parkinson die öffentliche Verwaltung betreffen, besteht doch Konsens darüber, dass sich die von Parkinson beobachtete

---

[1] Das Essay zum Parkinsonschen Gesetz „Pakinson's Law" wurde erstmals 1955 in der November-Ausgabe der Zeitschrift „The Economist" veröffentlicht.

P. A. Doetsch, *Mitarbeiterführung: Fair + Erfolgreich*,
DOI 10.1007/978-3-658-04958-4_7, © Springer Fachmedien Wiesbaden 2014

Gesetzmäßigkeit überall einstellt, wo es um Arbeit geht, auch in Unternehmen. In der Tat nimmt die Qualität einer Bearbeitung mit der Dauer der Bearbeitung erfahrungsgemäß nicht zu, sondern eher ab. Mitarbeiter, die nach eigenem Bekunden „völlig zu" sind, sind gegebenenfalls doch noch in der Lage, eine interessante Zusatzaufgabe zu übernehmen. Schließlich fällt auf und stützt das Parkinsonsche Gesetz, dass es bei den meisten Menschen üblich ist, Aufgaben erst kurz vor einer gesetzten Frist zu erledigen bzw. pünktlich zum Fristende abzugeben.

Relevanz: In Kenntnis dieses „Gesetzes" sollte eine Delegation von Aufgaben nie ohne eine Erledigungsfrist erfolgen und „im Zweifel" eine kurze zeitliche Vorgabe gemacht werden.

7.3   Logische Wortkette zum möglichen Informationsverlust bei der Kommunikation

Dem österreichischen Verhaltensforscher und Nobelpreisträger Professor Dr. Konrad Zacharias Lorenz wird die folgende Wortkette nachgesagt, die verdeutlicht, dass es in der Kommunikation aufgrund interner, psychosozialer Filter beim Sender und Empfänger von Nachrichten zu Informationsverlusten kommen kann.[2]

Gedacht ist noch nicht gesagt.
Gesagt ist noch nicht gehört.
Gehört ist noch nicht verstanden.
Verstanden ist noch nicht einverstanden.
Einverstanden ist noch nicht angewendet.
Angewendet ist noch nicht beibehalten!

Relevanz: Die Wortkette lädt uns dazu ein, uns nicht auf „blinde Vorannahmen" zu verlassen, sondern uns zu vergewissern. Wir sollten uns (gegebenenfalls) vergewissern, ob wir tatsächlich gesagt haben, was wir (seinerzeit) gedacht haben, ob das gehört wurde, was wir gesagt haben, ob vom anderen verstanden wurde, was er von uns gehört hat, ob angewendet wurde, was verstanden wurde und ob dauerhaft beibehalten wurde, was (zunächst) angewendet wurde.

---

[2] Zitiert nach Wikipedia, Stichwort „Kommunikationspsychologie".

7.4   Das Vier-Seiten-Modell (Kommunikationsquadrat) von Friedemann Schulz von Thun

Jede Äußerung (Nachricht) kann unter vier Aspekten oder Ebenen betrachtet und beschrieben werden: Sachinhalt, Selbstoffenbarung, Beziehung und Appell.

Alle Äußerungen, so das Modell, beinhalten aus Sicht des Empfängers der Äußerung immer diese **vier Botschaften:**

1. Sachinformation: Worüber will der Sender mich informieren, welche Sachinformation will er mir geben?
2. Selbstkundgabe/Selbstoffenbarung: Was gibt er von sich selbst zu erkennen bzw. was möchte er zeigen?
3. Beziehungshinweis: Wie steht er zu mir, wie ist seine Beziehung zu mir, was hält er von mir?
4. Appell: Wozu will er mich veranlassen, was will er erreichen?

Dadurch, dass der Sender und der Empfänger die Nachricht auf den vier Ebenen aufgrund eigener Vorannahmen, Erfahrungen, Wahrnehmungsfilter etc. sehr unterschiedlich deuten können, können leicht Störungen und Konflikte entstehen. *Relevanz:* Es kann daher für den Empfänger einer Nachricht Sinn machen, offen zu hinterfragen, welche Information der Sender auf der Sachebene geben wollte, was er von sich sagen will, wie er die Beziehung zum Empfänger einschätzt und was er von ihm als Aktion erwartet, ... statt darauf zu vertrauen, dass die eigene Wahrnehmung bzw. Vermutung zu den Inhalten der vier Ebenen „die richtige" ist.

7.5   Menschliche Typenlehre angelehnt an C.G. Jung

Schon **Hippokrates** (ca. 460–370 v. Chr.) unterschied in seiner frühen Vier-Säfte-Lehre die menschliche Physiologie und ihre Erkrankungen anhand mehrerer Körpersäfte (Blut, Schleim, gelbe und schwarze Galle, Wasser). Galen (2. Jh. n. Chr.) ordnete den vier Säften vier Temperamente zu. Diese Temperamentenlehre bezieht sich auf die charakterlichen Eigenschaften eines Menschen.

Der Schweizer Psychiater und Psychologe **Carl Gustav Jung** (1875–1961) versuchte die Menschen zu klassifizieren und zwar basierend auf den beiden grundsätzlichen Einstellungen bzw. Verhaltenspräferenzen introvertiert (Introversion – auf ihre innere Welt ausgerichtet und von ihr geleitet) und extravertiert (Extraversion – Verhalten auf die äußere Welt ausgerichtet und von ihr geleitet) und den die vier Bewusstseinsfunktionen Denken („Kopf"), Fühlen („Bauch"), Empfinden („Wahrnehmen") und Intuition („Ideen haben") und kam so unter Anwendung der Attribute introvertiert und extravertiert auf acht Typen [3].

Fast gleichzeitig mit Jung veröffentlichte der US-amerikanische Psychologe **William Moulton Marston** (1993–1947) dann 1928 [4] den DISG-Persönlichkeitstest, der vier Grundverhaltenstendenzen erfasste: Dominanz, Initiative, Stetigkeit und Gewissenhaftigkeit (dominance, influence, steadiness and conscientiousness). Nach diesem Modell ist die Persönlichkeit eines Menschen eine Funktion aus seiner Wahrnehmung und seiner Reaktion auf die jeweilige Lebenssituation.

Später wurde ausgehend von **Katherine Briggs** und **Isabel Meyers** der Myers-Briggs-Typen-Indikator entwickelt, der 16 unterschiedliche Typen unterscheidet. Neben diesen sehr bekannten Typen gibt es unzählige andere Typologien, die zumeist auf den Arbeiten von Jung und Moulton beruhen, jedoch eigene Begrifflichkeiten verwenden. Besonders griffig ist für mich dabei noch das **Riemann-Thomann-Modell** (1975/1988), welches zur Typisierung des Kommunikations- und Beziehungsverhaltens von Menschen ein Koordinatenkreuz aus den vier Grundausrichtungen Nähe, Distanz, Dauer und Wechsel verwendet.

Der gemeinsame Zweck und Nutzen dieser Typologien bzw. Typenmodelle und auf ihnen basierender Analyse-Tools besteht darin, Menschen Hinweise auf ihr typisches eigenes Verhalten und dasjenige anderer zu geben. Sie erhalten damit die Chance, ihr eigenes Verhalten bewusster zu steuern und das Verhalten anderer Menschen besser einzuschätzen.

Die Gefahr der Nutzung von Typenmodellen besteht darin, dass sie die Menschen in Schubladen stecken. Es ist daher in jedem Fall wichtig, zu verstehen, dass jeder Mensch über alle Ressourcen verfügt und damit auch über die Eigenschaften von allen Persönlichkeitstypen, auch wenn einzelne Eigenschaften stärker hervortreten und insbesondere in Stresssituationen typischerweise dominant werden. Es besteht damit zusammenfassend die Gefahr, dem einzelnen Individuum in seiner Einzigartigkeit nicht gerecht zu werden.

▶   **Nutzen und Gefahren von Typenmodellen**
   • **Nutzen**
   Es ist hilfreich für die Kommunikation oder gar Verhandlung mit anderen Personen, wenn deren typische Verhaltensweisen eingeschätzt werden können, insbesondere wenn die Absicht besteht, durch „Spiegeln" ihres Verhaltens ihre Sympathie zu gewinnen.

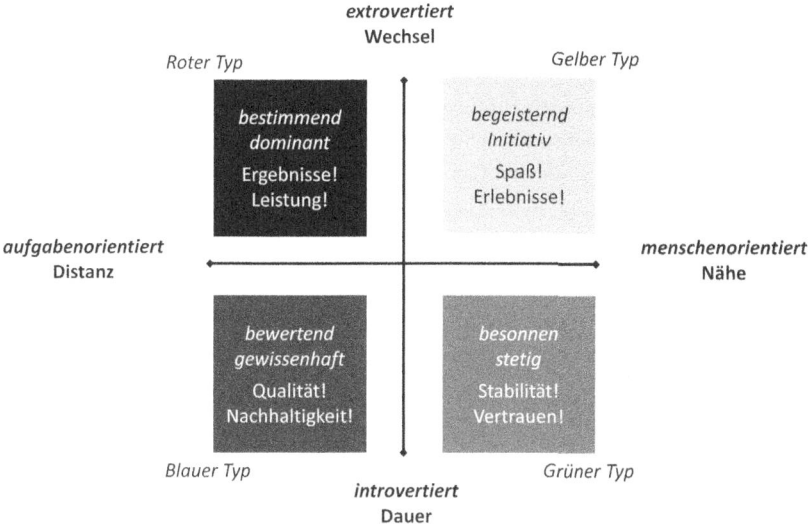

Abb. 7.1 Konsolidiertes Typenmodell (in Anlehnung an A. Hoffstadt)

- **Risiken**
Es besteht die Gefahr falscher Annahmen und Interpretationen zu den Verhaltensweisen anderer auf Basis einer vorschnellen/falschen Typisierung oder wegen der Einzigartigkeit des einzelnen Individuums.

Dies vorausgeschickt ist es die Überzeugung des Verfassers, dass die Typenlehre gegebenenfalls im Kontext der Kommunikation mit anderen hilfreich sein kann. Die Übersicht in Abb. 7.1 versucht in stark vereinfachter Form einmal verschiedenen Ansätze in einer Darstellung zusammenzubringen. Sie ist angelehnt an eine beim Managementtrainer Andreas Hoffstadt gesehene Darstellung. Mit Ausrufezeichen ist bezeichnet, was den entsprechenden Personen wichtig ist.

Relevanz: Kann helfen, effektiv mit Personen zu kommunizieren, die gegebenenfalls eindeutig zu „typisieren" sind.

7.6   Eight Habits of highly effective people (Stephan Covey) [1,2]

1. Pro-aktiv sein: Agieren, nicht reagieren
2. Schon am Anfang das Ende im Sinn haben: mit dem Ziel im Kopf anfangen und dieses Ziel bis zum Ende nicht mehr aus den Augen verlieren
3. Das Wichtigste zuerst: klare Prioritäten setzen, kommunizieren und diszipliniert verfolgen
4. Win-Win-Denken: Nutzen für sich selbst und die Umgebung schaffen
5. Erst andere zu verstehen versuchen, dann versuchen, verstanden zu werden: empathisch zuhören, um die Perspektive des anderen unverfälscht aufzunehmen, wodurch der andere bewegt wird, offen zu sein für die eigene Meinung
6. Synergien erzeugen: die Stärke der Menschen durch positiv empfundenes Teamwork bündeln, um so gemeinsam Ziele zu erreichen, die für den Einzelnen unerreichbar gewesen wären
7. Die Säge schärfen: nach ständiger Verbesserung in der personellen und interpersonellen Sphäre streben. Sorgsamer Umgang und ständige Erneuerung der eigenen Ressourcen, Energie und Gesundheit, um damit einen nachhaltigen, langfristig effektiven Lebensstil zu erreichen
8. Die innere Stimme finden: Finde Deine innere Stimme, deine Intuition, und inspiriere andere, die ihre zu finden

Relevanz: Gibt in komprimierter Form Anstöße für effektive Verhaltensweisen.

7.7   „Systemdenken" – gemeinsam Lösungen in einer komplexen Welt suchen

In einer immer komplexeren Welt, in der Ursache und Wirkung gegebenenfalls zeitlich weit auseinander liegen, in der die (richtigen) Lösungen von gestern gegebenenfalls die Probleme von heute sind ([9], S. 75 ff.), ist es zunehmend wichtig, dass die in einem Unternehmen zusammen arbeitenden Menschen erkennen, dass sie selbst (und nicht Dritte im Außen) gemeinsam die heutige Unternehmensrealität erschaffen haben und dass sie diese durch gemeinsames Handeln auch für die Zukunft verändern können.

> Eine lernende Organisation ist ein Ort, an dem Menschen kontinuierlich entdecken, dass sie ihre Realität selbst erschaffen.

(Peter Senge (1990),
Vordenker der Lernenden Organisation
und Vorsitzender der Society for Organizational Learning)

Wie Peter Senge in seinem Buch „Die fünfte Disziplin" eindrucksvoll aufgezeigt hat, bedarf es für eine lernende Organisation neben den allgemein anerkannten Disziplinen 1. „Personal Mastery" (Bereitschaft des Einzelnen, sich weiterzuentwickeln, gewohntes infrage zu stellen, danach zu suchen, was wirklich wichtig ist), 2. „Mentale Modelle" (Selbstreflexion der expliziten und impliziten Vorannahmen, d.h. die Bilder, Annahmen und Geschichten, die das eigene Denken lenken), 3. „Die gemeinsame Vision" (gemeinsame Entwicklung von positiven Bildern einer zukünftigen Wirklichkeit mit dem Ziel, die Lücke zwischen Vision und gegenwärtiger Realität als Quelle kreativer Energie zu nutzen, 4. „Teamlernen" (Synergieeffekte durch gemeinsames Diskutieren und Lernen von Arbeitsgruppen in innerer Verbundenheit) und an fünfter Stelle des „Systemdenkens". Es verknüpft die vorgenannten vier Disziplinen systemisch und zielt auf einen Blick, der über das Einzelne hinausgeht und das Ganze betrachtet.

Systemdenken ermöglicht damit einen grundlegenden Wahrnehmungswandel, welcher den einzelnen Unternehmer bzw. die einzelne Führungskraft wie auch ein Management-Team oder die gesamte Organisation voranbringt. Es ist die Einladung, sich nicht ohnmächtig zu fühlen, sondern die eigene Macht bezogen auf die Schaffung der Unternehmensrealität zu erkennen. Systemisches Denken bedeutet insbesondere, dass mehr in Ursache-Wirkungs-Ketten gedacht wird und verschiedene Szenarien der Zukunftsentwicklung ausgelotet werden und dabei fortwährend insbesondere nach den Abhängigkeiten und Interdependenzen unter der Oberfläche gesucht wird.

Relevanz: Komplexitätsmanagement[3] und damit Systemdenken ist in einer komplexen Welt überlebenswichtig. Das Vertrauen auf die Rezepte von gestern, eine rein reaktive Verhaltensweise oder ein Einzelkämpfertum sind dagegen nicht zielführend.

7.8 MUSTERBRECHER und Experimente werden belohnt

In ihrem Buch MUSTERBRECHER [10] weisen Wüthrich/Osmetz/Kaduk anhand von Beispielen nach, dass Unternehmenserfolge möglich werden, wenn, statt bisheriges Verhalten fortzuführen, bekannte Vorgehensweisen zu duplizieren oder

---

[3] Siehe dazu [8].

antrainierte Reflexe unreflektiert wirken zu lassen, die Reaktion auf den Prüfstand gestellt und experimentiert wird.[4]

Auch wenn ich sogenannten Erfolgsbeispielen selbst sehr kritisch gegenüberstehe, da nicht selten sogenannte Vorzeigeunternehmen später scheitern oder in die Normalität zurückfallen, ist der Aufruf als solches, die allseits üblichen (auch eigenen) Verhaltens- und Denkmuster zu hinterfragen und gegebenenfalls zu verlassen, zu unterstützen. Es geht dabei – um dies gleich klarzustellen – nicht um einen Aufruf zu Regelverletzungen im Sinne des Bruchs von Compliance-Regeln oder rechtlicher Bestimmungen. Es geht auch nicht um die Propagierung eines neuen Führungskonzepts, das Gefolgschaft verlangt. Die Aufforderung zum „Musterbrechen" ist letztlich lediglich die Einladung von Unternehmensleitern sowie Führungs- und Fachkräften zum Experimentieren statt dem Kopieren von schon Vorhandenem und Erprobtem.

> *Das Experiment veranlasst die Wirklichkeit hervorzutreten!* ([5], S. 462)
> (Elisabeth Noelle-Neumann (1916–2010),
> Professorin für Kommunikationswissenschaft
> und Gründerin des Instituts für Demoskopie in Allensbach)

Es geht darum, in einer immer komplexer werdenden Welt die eigenen Denk- und Verhaltensmuster (der Person und der Organisation) zu erkennen, Ideen für alternative Muster zu identifizieren und schließlich ergebnisoffen ganz neue Muster zu erproben.

Relevanz: Im Kern ist die Aufforderung zum Musterbrechen somit die sinnvolle Aufforderung zur Reflexion und zum Experimentieren ohne Ergebnisvorgabe.

7.9 Meine zehn Erfolgsrezepte für Führungskräfte

1. Fairness leben – alle Interessen berücksichtigen: sich stetig darum bemühen, dass die Interessen aller Beteiligten, d. h. die Interessen des Unternehmens, der Mitarbeiter, Kollegen und Vorgesetzten sowie die eigenen Interessen in eine faire Balance kommen.
2. Präsent sein: Wenn ich mit jemandem spreche, hat er meine volle Aufmerksamkeit, wenn ich in einem Meeting bin, kümmere ich mich allein um

---

[4] Siehe insbesondere ([10], S. 269 f.).

die Diskussion mit den Kollegen, wenn ich zu Hause bin, gilt meine volle Aufmerksamkeit meiner Familie.

3. Authentisch sein: Was ich sage, tue ich. Was ich gestern gesagt habe, gilt grundsätzlich auch heute. Wenn ich anderer Meinung bin, äußere ich das.

4. Was ich nicht will, was man mir tu, das füg ich keinem andren zu!

5. Das größte Geschenk, das ich einem anderen machen kann, ist ihm Zeit zu widmen.

6. Mut zum Handeln und zur Veränderung: „Wer stehen bleibt, kommt nie an", sagt ein Sprichwort. Ein anderes sagt: „Wer sich verändert, bleibt sich selbst treu." Dies ist in einer sich immer schneller verändernden Welt eine Realität. Da nur wenige Entscheidungen unumkehrbar sind, darf ich darauf vertrauen, dass meine Entscheidungen entweder richtig sind . . . oder später korrigierbar.

7. Mehr zuhören als reden: Der Mensch hat zwei Ohren und nur einen Mund. Darin liegt möglicherweise die Botschaft unseres Schöpfers, dass wir im Zweifel doppelt so lange zuhören wie sprechen sollten. In jedem Fall hilft es mir selbst und den anderen in der Kommunikation, wenn ich zunächst in Ruhe zuhöre.

8. Dem Bauchgefühl mehr vertrauen als dem Denkorgan: Das Bauchgefühl, die sogenannte innere Stimme, reflektiert, wie manche sagen, die Erfahrung aus tausend Leben. Wenn mich mein Baugefühl warnt, sollte ich das nicht einfach übergehen. Im Zweifel tue ich Dinge nicht, die sich für mich nicht gut oder rechtens anfühlen.

9. Träume erlauben und leben: Alles, was neu erfunden wurde, war davor für die meisten Menschen unmöglich. Nur Träume ermöglichen die Weiterentwicklung von Personen und Organisationen. Träume und die in ihnen enthaltenen Visionen sind Sterne, denen es zu folgen lohnt.

10. Dreimal der gleiche Fehler ist Vorsatz: Jeder Mensch erhält eine Chance und gegebenenfalls auch zwei. Danach macht es aber Sinn, zum eigenen Schutz eine Linie zu ziehen.

Relevanz: Wer diese wenigen Ratschläge beherzigt, wird als Führungskraft Erfolg haben!

Literatur

1. Covey S (2004) The 7 habits of highly effective people: powerful lessons in personal change. Simon & Schuster, New York
2. Covey S (2004) The 8th habit: from effectiveness to greatness. Simon & Schuster, New York

3. Jung C (1921) Gesammelte Werke, Bd 6: Psychologische Typen. Walter, Zürich
4. Marston W (1928) Emotions of normal people. Kegan Paul, Trench. Trubner & Co., London
5. Noelle-Neumann E, Petersen T (2005) Alle, nicht jeder. Einführung in die Methoden der Demoskopie. Springer, Berlin
6. Parkinson C (1957) Parkinson's law, and other studies in administration. Houghton Mifflin, Boston
7. Parkinson C (2005) Parkinsons Gesetz und andere Studien über die Verwaltung. Econ, Düsseldorf
8. Schuh G, Krumm S, Amann W (2013) Chefsache Komplexität – Navigation für Führungskräfte. Gabler, Wiesbaden
9. Senge P (2003) Die fünfte Disziplin. Klett-Cotta, Stuttgart
10. Wüthrich H, Osmetz D, Kaduk S (2009) Musterbrecher – Führung neu erleben. Gabler, Wiesbaden

Die wichtigsten Erkenntnisse dieses Buches in sieben Minuten

8

Als Unternehmen bzw. Führungskraft können Sie für sich und Ihre Mitarbeiter **mehr Leistung und zugleich mehr Lebensqualität** erreichen, wenn Sie sich zwei Dinge fortlaufend zu eigen machen:

1. eine in jeder Situation wertschätzende und respektvolle innere Haltung und damit auch einen fairen und wertschätzenden Umgang mit allen anderen Menschen im Unternehmen sowie
2. eine fokussierte Gestaltung und Nutzung von Personalprozessen und -systemen.

Sowohl einschlägige Befragungen von Mitarbeitern zu Themen wie Bindung ans Unternehmen oder Engagement als auch die Ergebnisse der Gehirnforschung belegen, dass Ihre eigene und die Motivation aller Mitarbeiter entscheidend vom gelebten (nicht propagierten) Miteinander im Unternehmen abhängen, von einer wertschätzenden Unternehmenskultur. Diese hat meist eine höhere Bedeutung als sogenannte Unternehmensleitbilder, zumal diese nur selten spezifisch, visionär und emotional genug sind, um zu begeistern.

Ein **fairer, wertschätzender und partnerschaftlicher Umgang** miteinander ist letztlich nicht schwer (siehe Abschn. 2.1 bis 2.4.1.). Hierzu gehört insbesondere, dass der Leistungsbeitrag jedes einzelnen Mitarbeiters gesehen und begrüßt wird, den Mitarbeitern zugetraut wird, dass sie ihre Aufgaben erfüllen und über sich hinauswachsen können, dass ein Feedback zum Verhalten anderer offen, auf Augenhöhe und wertschätzend erfolgt.

In **der Führungsrolle** werden Sie unweigerlich Erfolg haben, wenn Sie sich um eine faire Berücksichtigung der Interessen aller Beteiligten (Unternehmen, Führungskräfte und Mitarbeiter) bemühen und die Haltung eines „SUPPORTIVE LEADER" einnehmen. Dies ist eine Führungskraft, die ihre Mitarbeiter einlädt, ermutigt und im Idealfall inspiriert, sich mit ihrer ganzen Energie und ihren gan-

P. A. Doetsch, *Mitarbeiterführung: Fair + Erfolgreich*,
DOI 10.1007/978-3-658-04958-4_8, © Springer Fachmedien Wiesbaden 2014

zen Fähigkeiten einbringen zu wollen, die ihnen Orientierung gibt, insbesondere hinsichtlich der Bedeutung ihres Arbeitsbeitrags zum Gesamterfolg des Unternehmens, und die hilft, dass die Arbeitsbedingungen der Mitarbeiter so gestaltet sind, dass die Mitarbeiter erfolgreich arbeiten und ihre Ideen und Kreativität einbringen können (siehe Abschn. 2.5). Neben den drei vorgenannten Aufgaben, 1) den Mitarbeitern Orientierung geben, insbesondere ihren eigenen Wertbeitrag und den des Teams zu verstehen, 2) die notwendigen Systeme und Strukturen schaffen und 3) die Ihnen anvertrauten Mitarbeiter zu fördern und bei ihrer stetigen Weiterentwicklung zu unterstützen, ist es natürlich auch eine zur Rolle von Führungskräften zählende Kompetenz, 4) die notwendigen Entscheidungen entschlossen zu treffen und falls nötig zu revidieren. Bei allem gilt: Bleiben Sie authentisch und hören in allen Führungssituationen im Zweifel eher auf ihren Bauch als auf ihren Kopf als Ratgeber. Versuchen Sie in keinem Fall, irgendeinen Ihnen von Dritten genannten besonders hilfreichen Führungsstil zu „spielen". Weder gibt es einen universell passenden bzw. erfolgreichen Führungsstil, noch können Sie einen für Sie fremden Führungsstil konsistent durchhalten.

Leistung und Bindung ans Unternehmen werden neben einer wertschätzenden Führung und Kommunikation auch durch **faire Rahmenbedingungen** für die Mitarbeiter erreicht.

Hierzu gehört in einer Zeit immer flacherer Hierarchien, dass Unternehmen nicht nur Führungskräften, sondern auch Fachkräften Bedeutung zumessen und **Karrierechancen** geben (siehe Abschn. 3.1). Das sollte sich im Umgang mit diesen zeigen, wie auch in der Vergütung und den Nebenleistungen. Ich rege auch an, dass Sie bei Führungs- und Fachkräften die gleichen notwendigen Management-Kompetenzen fördern. Dies sind die Fähigkeit zur Kommunikation und Kooperation mit anderen, die Fähigkeit zur Planung bzw. ein gutes Verständnis von Planungsprozessen, die Fähigkeit zur Selbstorganisation sowie eine interne und externe Kundenorientierung. Neben der Förderung dieser Metakompetenzen helfen Sie den Mitarbeitern und der Organisation, wenn Sie den informellen und formellen Austausch zwischen den Mitarbeitern fordern und fördern. Das kann bis zu einer institutionellen kollegialen Beratung geben, die eine aus meiner Sicht preiswertere und effektivere Lösung ist als die Beschäftigung von externen Coaches und Beratern. Und schließlich sollten Sie selbst als Unternehmen oder obere Führungskraft von Zeit zu Zeit die Chance nutzen, direkt mit Mitarbeitern jeder Hierarchiestufe und Bedeutung zusammen zu treffen, um so einen möglichst nicht politisch gefärbten Resonanzboden zu erhalten.

Ein wichtiges Thema ist die **Vergütung** bzw. das Vergütungssystem, mit dem in Ihrem Unternehmen gearbeitet wird. Wichtig deshalb, weil Vergütungssysteme häufiger als viele denken, demotivieren statt motivieren. Ich rate dazu, die

Vergütung fair und hygienisch zu gestalten und nicht – wie meist üblich – individuell anreizend (siehe Abschn. 3.2). Die Verknüpfung von individuellen Zielen mit der Vergütung ist bei näherem Hinsehen in der Gesamtwirkung nachteilig, da sie die Mitarbeiter zur Optimierung der eigenen Vergütung konditioniert, statt möglichst hohen Nutzen für das Unternehmen anzustreben. Sie erschwert zugleich eine unterjährige Anpassung von individuellen Zielen aufgrund veränderter Umfeldbedingungen und führt vor allem dazu, dass die Zielvereinbaru ngsgespräche und die Beurteilungsgespräche als „Hidden Agenda" von dem Wunsch niedriger Ziele bzw. hoher Zielerreichung auf Arbeitnehmerseite und Auskommen mit einem vorgegebenen Budget auf der Führungskräfteseite überlagert werden. Schade, denn Zielvereinbarungen machen im Sinne des Orientierunggebens und des Förderns durchaus viel Sinn.

Statt einer individuellen **variablen Vergütung** spreche ich mich für eine unternehmensperformanceabhängige Vergütung aus. Sie hat den Vorteil, dass sie das Miteinander stärkt und nicht die Erwartung beinhaltet, bei guter individueller Leistung einen immer weiter steigenden Bonus zu erhalten. Sie kann an die Festvergütung geknüpft oder in Bändern definiert werden. Es ist dabei ratsam, die Möglichkeit einer „hygienischen Korrektur" bei Mitarbeitern, die keinerlei Leistungsbeitrag erbracht haben, vorzusehen. Besondere Anstrengungen und Belastungen sollten ansonsten gegebenenfalls mit sogenannten Spotbenefits, d. h. kurz nach dem Ereignis erfolgenden, kleinen Aufmerksamkeiten (z. B. Essensgutschein, Essenkorb etc.) eine Anerkennung erfahren. Das wirkt mehr als ein etwas höherer Bonus Monate später.

Neben Barvergütung und Beteiligung am Unternehmenserfolg sollte auch eine einfach gestaltete, aber wertige **betriebliche Altersversorgung** zur „Ausstattung" gehören (siehe Abschn. 3.3). Die Zusatzversorgung über das Unternehmen sollte, um nicht lediglich ein Feigenblatt zu sein, auf einen zweistelligen Prozentsatz der Festvergütung als langfristigen Versorgungsbeitrag zielen, der vom Unternehmen und von den Mitarbeitern finanziert wird. Gegebenenfalls macht es Sinn, Teile der Gehaltserhöhungen automatisch mit Recht zum Opting-out in betriebliche Altersversorgung umzuwandeln, um den erwähnten signifikanten Versorgungsbeitrag zu erreichen.

Zu den wichtigen Rahmenbedingungen gehört auch eine **Gesundheitsförderung** oder sogar ein ganzheitliches Gesundheitsmanagement (siehe Abschn. 3.4). Es sollte neben förderlichen und den gesetzlichen Anforderungen entsprechenden Arbeitsbedingungen auf ein (verändertes) Gesundheitsverhalten der Mitarbeiter zielen, im Sinne einer Hilfe zur Selbsthilfe, die naturgemäß über das berufliche auch im privaten Umfeld Wirkung zeigt. Und natürlich ist in diesem Zusammenhang auch eine Sensibilisierung und Schulung der Führungskräfte in puncto

„gesunde Führung" von Bedeutung, zumal einen schlechte Führungssituation eine Hauptursache für psychische Erkrankungen ist.

Als Unternehmer und Führungskraft tun Sie sich einen großen Gefallen, wenn sie auf **effiziente Personalmanagement-Prozesse** in Ihrem Unternehmen achten. Insbesondere für Stellenneubesetzungen und Personalwachstum wird es immer wichtiger, die eigene Ausbildung von Fach- und Führungskräften in den Vordergrund zu stellen und externe Einstellungen eher selektiv vorzunehmen (siehe Abschn. 4.1 und 4.2). Bei der externen Besetzung ist es ratsam, auf eine auch in der Sprache stellenprofilspezifische Gestaltung von Anzeigen zu achten und mit verschiedenen analytischen Verfahren eine gute Vorauswahl vorzunehmen. Das ermöglicht Ihnen, Ihre kostbare Zeit für wenige, intensive Vorstellungsgespräche mit erfolgversprechenden Kandidaten zu verwenden.

Das **Onboarding** ist dann als Prozess zu verstehen, der aufgrund der erheblichen Investition, die eine Neueinstellung beinhaltet, in allen Phasen (von vor dem Eintritt bis zum Ende der Probezeit) strukturiert ablaufen sollte (siehe Abschn. 4.3). Mehrtätige Einführungsveranstaltungen für neue Mitarbeiter sind fragwürdig, zumal viele Informationen in ihrer Bedeutung meist noch nicht eingeordnet werden können und so schnell verloren gehen. Besser sind ein sukzessives Heranführen sowie eine frühe Netzwerkbildung. Bestehen am Ende einer gut begleiteten Probezeit noch Zweifel, ob ein Kandidat die neue Aufgabe erfüllen kann bzw. in die Organisation passt, rate ich aus meiner Erfahrung zur Trennung. Es wird mit großer Wahrscheinlichkeit nicht besser, sondern nur teurer.

Zielvereinbarungen und eine **Regelkommunikation** mit den Mitarbeitern sind wichtige Führungsinstrumente (sieheAbschn. 4.4). Wichtig ist dabei vor allem, dass es nicht zur Farce gerät, etwa indem nur Dokumentationen ausgefüllt oder fortgeschrieben werden. Es soll hier ein echter Austausch erfolgen, der von der Führungskraft gut vorbereitet werden soll und kann. Vereinbarungen sollten als Ziele eindeutig, nutzbringend und realistisch sein.

Ein warnender Hinweis: Die Führungsaufgaben sollten ausschließlich von den Führungskräften selbst wahrgenommen werden, nicht vom Personalbereich. Letzterer hat die Aufgabe, effiziente Personalverwaltungsprozesse und -führungsprozesse zu gestalten und zu unterstützen und bei wichtigen Unternehmensentscheidungen die „Stimme der Mitarbeiter" zu sein (siehe Abschn. 4.5).

Für ein lebenswertes Unternehmensumfeld ist es von großer Bedeutung, dass es gelingt, die **Zeit- und Energieräuber** in die Schranken zu weisen. Gemeint sind E-Mail-Kommunikation (siehe Abschn. 5.1), Meetings (siehe Abschn. 5.2) sowie Konflikte (siehe Abschn. 5.4). Sowohl zum effektiven Umgang mit E-Mails als auch mit Meetings gibt es viele hilfreiche Tipps. Diese beinhalten auch den Ersatz eines Teils der E-Mail-Kommunikation und der Meetings durch Intranetforen, Webcasts oder Videokonferenzen (Abschn. 5.3). Konflikte lassen sich dort, wo Menschen miteinander arbeiten und gegebenenfalls leidenschaftlich um die beste Lösung ringen, nicht vermeiden. Sie sind durchaus Wegbereiter für wichtige Veränderungen. Ein unternehmenseigenes Konfliktmanagement-System kann dabei aber erreichen, dass Konflikte frühzeitig erkannt werden und die Konfliktpartner in die Lage versetzt werden, zeitnah und beziehungsschonend eine die Bedürfnisse und Interessen aller Beteiligten berücksichtigende Lösung zu finden (siehe Abschn. 5.4).

Schon aus Überlebensgründen ist es schließlich wichtig, dass in Ihrem Unternehmen **rechtliche Risiken** adressiert und minimiert werden. Im Rahmen des **Compliance Managements** halte ich es für wichtig, nicht mit Akribie möglichst viele Regeln zu schaffen, sondern viel Zeit darauf zu verwenden, dass alle Mitarbeiter verstehen, was geschützt werden soll (siehe Abschn. 6.1). Es geht um ein Verständnis von Compliance, welches nicht auf das „Darf ich das tun" fokussiert, sondern die Mitarbeiter für das „Sollte ich das tun" sensibilisiert. Von hoher Bedeutung ist außerdem ein lückenloser **Firmendatenschutz**. Auch hier ist eine Sensibilisierung für die Gefahren und das richtige Verhalten im und außerhalb des Unternehmens wichtiger als umfangreiche Regeln (siehe Abschn. 6.2). Sicherlich weniger wichtig ist die leichte Zugänglichkeit der arbeitsvertraglichen Bedingungen und Regeln für die Mitarbeiter. Eine Kombination von Papier und Internet/Intranet-Zugang hat sich hier bewährt (siehe Abschn. 6.3).

Als (abrundender) **Nachtisch** würden sich dann noch viele nachdenklich machende und/oder anregende Erkenntnisse der Wissenschaft anbieten (siehe Kap. 7): Das Pareto-Prinzip, Das Parkinsonsche Gesetz, Die Logische Wortkette zum möglichen Informationsverlust bei der Kommunikation, Das Vier-Seiten-Modell (Kommunikationsquadrat) von Friedemann Schulz von Thun, die Menschliche Typenlehre angelehnt an C.G. Jung, „Eight Habits of highly effective people" nach Stephan Covey, „Systemdenken" nach Peter Senge sowie die Forderung von Wüthrich/Osmetz/Kaduk nach „Musterbrechern".

Sachverzeichnis

A

Altersversorgung, betriebliche, 64
  Geschäftsführer/Vorstände, 68
AMAZON Leadership Principles, 10
Anreize
  fehlerhafte Wirkung, 59
Arbeitsbedingungen, Information, 122
Authentizität, 18

B

betrieblichen Altersversorgung
  Musterlösung, 64
Beurteilungsgespräch, 59
  hidden agenda, 137

C

Compliance, 115
  effektive, 117

D

DatenschutzSiehe Firmendatenschutz, 119

E

E-Mail-Kommunikation, effektive, 99
E-Mail-Kultur, 99
  Bedeutung der Führung, 104
  Grundprinzipien, 101
Eigenmotivation, 25
Einführungsveranstaltungen, 89
Entgeltoptimierer, 59

Erfahrungsaustausch
  zwischen Mitarbeitern, 47
Erfolgsrezepte
  Meine Neun, 132

F

Führung
  Learning by doing, 31
Führungskräfte
  Aufgabe und Funktion, 22
Führungsstil, 27
Fachkräfte
  gleichwertige Karrierechancen, 44
Feedback, 17
  non-verbales, 18
Feedback-Geben
  Grundregeln, 22
Feedback-GesprächeSiehe
  Mitarbeitergespräche, 91
Feedback-Kultur, 17
  Leitfragen, 19
Feedback-Nehmen
  Grundregeln, 23
Fehler, 21
Firmendatenschutz, 119
  4-Fragen-Test, 121

G

Gesundheitsförderung, 69
GESUNDHEITSMANAGEMENT, 69

The manufacturer's authorised representative in the EU is Springer
Nature Customer Service Centre GmbH, Europaplatz 3, 69115 Heidelberg,
Germany. If you have any concerns regarding our products, please
contact ProductSafety@springernature.com

Printed and bound by CPI Group (UK) Ltd, Croydon, CR0 4YY
23/04/2026
02095641-0003